イチからわかるアイヌ先住権

ラポロアイヌネイション
北大開示文書研究会

もくじ

刊行にあたって

北大開示文書研究会 共同代表　殿平善彦

2023年5月26日から28日の3日間、北海道浦幌町を舞台に「国際シンポジウム・先住権としての川でサケを獲る権利」が開催されます。国際シンポジウムと『イチからわかるアイヌ先住権』の発刊とは深くつながっています。もう一つ、つながっている重要な出来事は、現在、札幌地裁でたたかわれている「ラポロアイヌネイションのサケ捕獲権確認請求訴訟」です。アイヌの先住権をめぐるたたかいは今、とても重要な転機を迎えています。アイヌの、植民地主義国家である明治政府と和人に対する奪われた権利の回復を求めるたたかいは、近代とともに長い苦闘の歴史ということができますが、「先住権」を自覚的に世に訴えて立ち上がったのは近年になってからです。

2007年、国際連合は「先住民族の権利に関する国際連合宣言」(UNDRIP)を発表しました。宣言は世界の先住民を励ます力になりましたが、とりわけ、日本の先住民であるアイヌにとって宣言はアイヌの未来を拓く重要な契機となりました。国連宣言に賛成票を投じた日本政府は、2008年に国会で「アイヌ民族を先住民族とすることを求める決議」を採択しました。140年かかって、アイヌはようやく、北海道を中心に和人に先立って先住してきた民族として社会に認知されたのです。あまりに遅いと言わねばなりませんが、先住権をめぐる運動にとっては大きな推進力になりました。

日本政府は、アイヌを先住民族として認めましたが、先住民族が当然持つ「先住権」を認めようとしません。先住権は先住民族が持つ集団としての権利ですが、アイヌはすでに集団として形成してきた「コタン」を失った、したがって集団としての権利である先住権は主張できない、というのが政府の立場のようです。

権利はやはり与えられるものではなく、自ら主張して獲得するものです。アイヌは自らの権利としての先住権の行使を求めて立ち上がりました。2012 年、日高のアイヌは戦前に浦河町杵臼のコタンから発掘され、持ち去られた先祖の遺骨返還を求めて裁判を起こしました。遺骨を返せというだけでなく、自らの集団の権利である先住権の行使としての遺骨返還を求める訴訟でした。2016 年、被告の北海道大学と原告の杵臼のアイヌは和解して遺骨返還を実現しました。返還された 12 体の遺骨はアイヌの伝統的な儀式に従い、コタンの会によって杵臼アイヌ墓地に再埋葬されました。アイヌは次々と遺骨返還を求め、紋別でも旭川でも遺骨返還が実現しました。政府は請求によって地域に遺骨を返還する方式を策定し、平取にも遺骨が返還されました。浦幌のアイヌは訴訟による返還を主張して北大と札医大、東大からも遺骨返還を実現しました。

2020 年夏、東大から遺骨が返還された後、浦幌のアイヌは新たな先住権の行使を求めて裁判を起こしました。近代以前からの長い歴史を刻み、浦幌十勝川の河口付近にコタンを形成して遡上するサケを捕獲してきた自分たちの権利を返してほしいという裁判です。浦幌のアイヌは自らの集団の名称を「浦幌アイヌ協会」から「ラポロアイヌネイション」に変更しました。小さくとも自分たちは日本政府と対等の「国家」としての自己決定権を持つ集団であることを自覚するために、名称を変更したのです。

近代とともに明治政府は蝦夷島を北海道と名称変更して大量の和人を送り込みました。支配を確立した政府はそれまでアイヌが自由に行ってきたサケの捕獲を一方的に禁止し、サケを奪われたアイヌは塗炭の苦しみを経験しなければなりませんでした。ラポロアイヌネイションは、近代日本の植民地政策によって奪われた浦幌十勝川河口でのサケの捕獲権を、先住権の行使として回復したいと主張して裁判を始めたのです。アイヌの自覚的な先住権を求めるたたかいはこうして始まりました。

北海道が明治政府の支配による入植植民地であり、アイヌの人々への抑圧と収奪によって成り立ってきたことを、植民者である和人はなかなか自覚できないできました。アイヌ先住権を学び、応援することで、和人は自分たちの立ち位置をようやく理解する入口に差し掛かったのです。

先住権への理解を深めようと企画されたオンライン学習会「イチからわかるアイヌ先住権」は、ラポロアイヌネイションと北大開示文書研究会の共催で2021年11月から7回にわたって開催されました。日本におけるアイヌの歴史と先住権についての学習をスタートにして、アラスカ先住民の権利行使、アメリカインディアンのたたかい、北欧サーミの運動、オーストラリアのアボリジナルな人々の土地権の運動、そして台湾原住民の先住権行使など、世界の先住民が先住権をいかに勝ち取ってきたかが、それぞれの国の研究者や先住民から語られました。それらの報告の記録は、これからの先住権をめぐるたたかいの大きな力になるでしょう。

間もなくラポロアイヌネイションは世界の先住民を浦幌に招待して、国際シンポジウム「先住権としての川でサケを獲る権利」を開催します。シンポジウムの開催に間に合うようにブックレットの出版が準備されてきました。この度、出版にこぎつけられたのは、ひとえに編集にあたられたかりん舎のご尽力によるものです。心からお礼申し上げ、出版の報告とします。

2023年4月

はじめに

先住権としての
サケ捕獲権の確認を求めて

ラポロアイヌネイション会長　差間正樹

皆さん、こんにちは。

ラポロアイヌネイションの差間正樹です。本日はラポロアイヌネイションとして、アイヌの先住権を認めるよう国と北海道に訴えるようになった、その想いを説明いたします。

私たちは十勝川河口域、現在の浦幌町に住所を有するアイヌの子孫で結成する団体です。個人個人はアイヌと言っても、アイヌに出自を持っているから自動的に会員になるわけではなく、自らをアイヌであると自認している、アイヌであると表明しているメンバーで構成しているものです。

「私はアイヌです」——自ら発信したのは40歳

私自身もそうですが、兄弟親戚の手前、アイヌであるとカミングアウトすることはやはり躊躇するところはあります。70歳を過ぎている今でも、子供時代のこと、学生時代のことをいろいろ思い出すと苦しくなったり、切なくなったりします。そうは言っても社会の中で生活する時、いろいろな場面で差別を感じるのは民族差別が原因であることによるもので、その差別の中で暮らしている時に、アイヌであることを隠していることで、かえって差別も助長されることに思いいたりました。「私はアイヌです」と自分から発信し、はっきりさせることで、相手にとっても周りにとっても、すっきりするように感じられるようになりました。40歳になっておりました。

地元のアイヌ協会、当時は北海道ウタリ協会浦幌支部と言っておりましたが、入会しました。

自分たちをアイヌと名乗るのは、やっぱり子供たちをまた差別のるつぼに落とすのではないかということで、自分たちの仲間という意味のウタリですね、ウタリ協会という名前に変え、団体も名乗っておりました。その支部に、私が加盟するようになった40過ぎるまで、自分は一体どうしたらいいんだろうかと、アイヌを隠していることで、本当にいろんな苦しみや差別にさいなまれているような状況でした。でも支部に入会いたしまして、アイヌのいろいろな風習、伝統文化を勉強するようになりました。その中で、毎年北海道大学のアイヌ納骨堂で催されていたイチャルパに参加するようになりました。最初は意味も何も分からなかったんですけれども、帯広図書館の二階にある郷土資料室で、当時の先生たちの書いた本を探し出して読んだりしました。

遺骨を地元に返してほしい――遺骨返還訴訟へ

その本を書いた児玉作左衛門という先生が、北海道では主にアイヌの遺骨を発掘、というより盗掘、そういうことをやっていた研究者らしいです。その方の本を読んでみると、アイヌの中には死んだ人の頭骨に孔を開ける風習がある人たちがいる、というようなことを書いてるんですね。何をばかなことを言ってるんだと思っていました。その当時、そのイチャルパに外国からも参加している人たちがいて、児玉作左衛門先生のことはみんな注目していて、刀、トカチアイヌのエムシ…、そういったものに取り囲まれ頭骨を持っている彼の写真を、資料として見せてもらったりしたんです。けれども本当に知れば知るほど、これは単なる泥棒じゃないかと、私たちの先祖の骨を盗んだんじゃないかと、考えるようになりました。

それで当時ウタリ協会の十勝支部の会合に行って、なんとか骨を返してもらいたいもんだと言ったんですけれども、周りの人も「いや、それは無理だなあ…」と話しておりました。それでウタリ協会の北海道本部に行って、「遺骨を何とか返して欲しいんだ」と言ったら、「差間さん、簡単だよ。祭祀承継者であるということを証明すれば返してもらえるよ」って言うんですよ。それでまるっきり訳が分からなくなっていろいろ調べてみると、単なる子孫であるだけでなくお墓を守る人は、日本風、和人風の民法の法律で言うと祭祀承継者になるらしいですね。それはただの子孫じゃなくて、その先祖を守っている立場の人。これは、私たちの先祖何代にも渡って遡って調べなければならないことで、それはとても無理な話で、これはできっこないなと思っていたんです。

けれども自分の子供時代のことですが、亡くなった人の遺骨は、その前に亡くなった人の隣に埋めていく、その次に誰かが亡くなったらその隣に埋めていく、そういった、亡くなった方の埋葬の管理はあくまでもコタンで行っていた――これは父方でも母方でもそうですね――そういう風習だったらしい。そして現在の、その家ごとにお墓を建ててその中に先祖を埋葬するという日本風の習慣は、私が10～15歳の頃、当時あったお墓を掘り返して各家ごとに埋葬していく、そういった習慣になったようです。そうするとその前の世代はどうだったかというと、父方のほうでも母方でも、やっぱりコタンの管理でやられたんですね。

ですから私、考えたんですよ――私たちの先祖の骨が北大のアイヌ納骨堂に保存されているんですけれども、その遺骨に関しては私が祭祀承継者であるということを証明しなくても、どこどこの出身のアイヌだということであれば、その出身地に遺骨を返してもらえるんじゃないかと。弁護士の市川守弘先生も私たちの動きをバックアップしてくれて、それから日高の方でも葛野次雄さん、それから小川隆吉エカシと城野口ユリフチ、そういった方々が遺骨を返してくれるように北大に訴え、遺骨返還訴訟をおこしておりました。それで私たち浦幌アイヌ協会も遺骨返還請求裁判に参加することにしました。2014年5月のことです。和解によって北大、札幌医大、東京大学から遺骨を返還され、浦幌町の墓地に再埋葬しました。

現在までに、浦幌の愛牛コタンとか十勝太コタンといったところから発掘された遺骨、それから浦幌町立博物館での遺跡の発掘の際に掘り出された遺骨も含めて103体ほど返してもらっております。私たちは集団として行動するということの大事さを、それで痛感いたしました。

アメリカのサーモンピープルを訪ねる旅で学んだこと

それから自分たちの権利、そういった集団の権利をどのように実現していくか、どういったことが世界で行われているか、ということに目を向けるようになりました。アメリカのコロラド大学のロースクールにチャールズ・ウィルキンソンさんという先生がいるんですけれども、その方が北海道に来たとき私の家をたずねてきてくれました。それでぜひアメリカに行って、インディアンの今の実態、今の様子を、あなたたちは見るべきだと、強力に勧められたんですね。それで2017年に北アメリカの北西ワシントン州のサーモンピープル――マカトライブとローワーエルワクラランムトライブの二つのトライブを訪ねる旅をいたしました。

やっぱり行く前は、インディアンの人たちは居留地に押し込められていて、それでなかなか苦しい生活をしているというように思っていたんです。それが行ってみると、皆さん豊かに過ごしていて驚いたのですが、現在に至るまでの闘いの歴史を学びました。1960～70年代、ワシントン州とトライブの間で「魚戦争」と呼ばれる時代を経て、何回も刑務所に入れられながらも自分たちの要求を貫いて、それで1974年、アメリカ連邦最高裁判所のボルト判決を手に入れたのです。それは開拓に入った人たちとトライブは、同等に魚を獲る権利がある、その同等という言葉の意味をはっきりと数字で50対50で獲る権利があるんだ、という裁判の判決を勝ち取ったのです。

それ以来、ワシントン州の20のトライブが漁業委員会をみんなで作って、それで現在も資源を自分たちで管理して、港も自分たちで管理して、それから川の状況も全く自分たちで管理したりですね、それから自分たちのところに流れてくる川にできたダムを取り壊して、それまでダムがあるから魚がのぼれなかったその川を、また昔のように魚ののぼれる川に戻していったのです。それで現在は大変豊かな生活をしていて、2軒の家の方に招待されて訪れましたが、いろいろな話を伺ったり、それから食事をご馳走になったりしたんですけれども、広い庭に囲まれて本当に豊かな生活をしていて、その状況を見てきました。

先祖が川で持っていた権利を取り戻したい

私たちは十勝川河口域に住んでいますが、遺跡や土器を研究する学者の人たちに言わせると、流域に住んでいた人たちは何万年も前から十勝川の恩恵にあずかってきたと、その何万年も前の土器の底にサケを調理した跡が出てきたそうです。そういったことでずっと豊かな恩恵にあずかって、私たちは暮らしていたんですね。それが明治になって突然、その川でサケを獲ることができなくなって今のような状態になっているんです。

遺骨返還裁判を通して、地域に住んでいるアイヌの団体の会員であるということを、改めて認識しております。浦幌アイヌ協会として行動していることが、この動きを可能にしているのだということを認識しております。遺骨返還を通してまとまった浦幌アイヌ協会が、私たちアイヌの失われた権利を取り戻す団体になるのでは、という思いです。サケを獲る権利、川を利用する権利、サケが遡上する川を取り戻す権利、私たちの先祖が当然のように持っていた権利を取り戻したいという思いです。

私たちは浦幌アイヌ協会の名前をラポロアイヌネイションと変えました。アメリカのマカトライブやローワーエルワクララムトライブがそうであるように、アメリカ合衆国と各トライブとの関係が、日本での私たちアイヌの集団と日本との関係になるようにとの思いです。

私たちは国と北海道に対して先住権としてのサケの捕獲権の確認を求めて訴訟を提起しました。私たちの先祖は十勝川の河口域で漁業権を持ち、海山川を自由に利用していました。これらの漁業権は先住民族の権利に関する国際連合宣言、人権規約、生物多様性条約、社会権規約、人種差別撤廃条約など、複数の国際条約によって認められており、世界の潮流となっています。日本が批准しているこれらの国際法や条約は、日本国憲法 98 条によって日本国内の法令の上位に位置づけられる国内法的な効力を有するものだと定められております。それに対して国と北海道は水産資源保護法とか漁業法とかによって、あなたたちには日本人一人一人と全く同じように、そういう魚を獲る権利はないよ、川で魚を獲ることはできないよ、それは全く日本人と同じ権利なんだよ、ということでラポロアイヌネイションの権利は認められないと言っています。議論が全く噛み合わない歯がゆい思いで裁判を見守っている状況です。理解をよろしくお願いいたします。

以上です。ありがとうございました。

差間正樹　さしままさき

1950年、浦幌町生まれ。ラポロアイヌネイション会長。北海道大学水産学部卒業。有限会社差間漁業部（浦幌町）代表。前・浦幌町議会議員、元・北海道アイヌ協会監事。会長を務めるラポロアイヌネイションは2020年、アイヌ集団として初めて、国・北海道に対するサケ捕獲権確認請求訴訟を札幌地裁に提起した。共著書に『アイヌの遺骨はコタンの土へ』（緑風出版）、またラポロアイヌネイション名義の『サーモンピープル アイヌのサケ捕獲権回復をめざして』（かりん舎）がある。

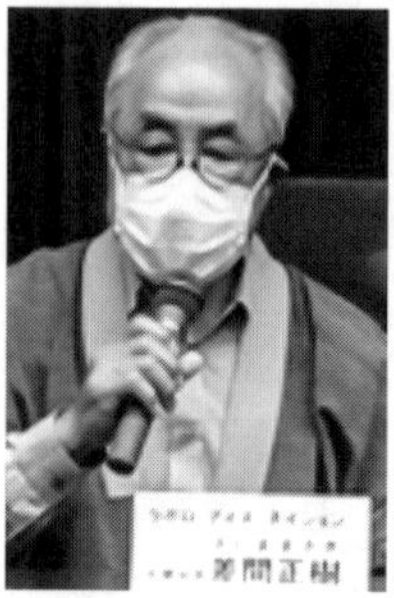

Chapter

1

第1回／ 2021年11月21日

イチからわかるアイヌ先住権

市川守弘

弁護士

市川守弘　いちかわ・もりひろ

1954年、東京生まれ。弁護士。
北海道浦河町杵臼コタン出身の城野口ユリ・小川隆吉両氏ら、また畠山敏・紋別アイヌ協会長、浦幌アイヌ協会、コタンの会によるアイヌ遺骨返還請求訴訟でそれぞれ原告代理人を務め、北海道大学・札幌医科大学・東京大学との和解をまとめて、それまで数十～百年間にわたって大学に留め置かれたままだった100体以上のアイヌ遺骨の帰郷と再埋葬実現に貢献。ラポロアイヌネイション（旧浦幌アイヌ協会）が提起したサケ捕獲権確認請求訴訟の原告弁護団長。著書に『アイヌの法的地位と国の不正義』（寿郎社）など。

イチからわかるアイヌ先住権

講師／市川守弘

「イチからわかるアイヌ先住権」という言い方でひとことで語ることはできないんですが、今日は概括的に「そもそも先住権とはどういう考えなのか」ということを理解いただければいいかなと思っております。

今日の話の内容

1　先住権ってどんな権利？
　①　なぜ、どのような先住権があるの？
　②　誰が権利を持つの？
　③　アイヌの歴史・・・コタンの暮らし
　④　先住権の内容

2　無視された明治以降のアイヌの権利

3　先住権をめぐる現代の問題点

今日のお話ですが、なんでそういう先住権という権利が先住民族の方々に認められるのか、そもそも誰が権利を持つのか、というところをお話しし、先住権という権利は先住民族の歴史に由来する権利だということを理解いただければと思います。ですから、アイヌの場合にも、アイヌの歴史の中から浮かび上がってくる権利ということで、アイヌの歴史についても簡単に触れる予定です。現代において先住権の何が問題なのかということを述べたいと思っています。

1．先住権ってどんな権利？

通常言われている先住権とは、例えば今、ラポロアイヌネイションが裁判を起こしているようなサケを獲る権利、アイヌの人たちによってはクジラを獲る権利などをさしています。木を伐る権利も先住権です。例えば、衣装を作るためのオヒョウの木の皮を剥ぐ、イナウという祭具を作る柳の木を伐る、あるいは家を建てる木を伐る、更には伐った木で自分の建てたいところに家を建てるという土地に対する権利もあります。またアメリカなんかでは川の水を引いて灌漑する権利もあげられています。

ですから今一般に先住権とは何ですか？と言われた時に、それらの権利を包括した権利で、「土地や自然資源を使用、利用する権利」といわれています。

ただ「先住権とは何か」という定義が、例えば条約で定められているとか、「先住民族の権利に関する国連宣言」に明記されているとか、そういうことはありません。憲法や条約などによって認められる権利ということではないのです。

第1　先住権ってどんな権利？

通常言われている先住権とは次のような権利です

サケを獲る権利
クジラを獲る権利
木を伐る権利
土地に家を建てる権利
川の水を引いて灌漑する権利
など、

土地や自然資源を使用、利用する権利とされています

（1）なぜ先住権が認められるのでしょうか？

まず、先住権というものが、なんで先住民族の人たちにあるのだろうという問題です。

一番わかりやすく書かれているのは、2007年に国連で採択された「先住民族の権利に関する国連宣言」です。これには日本国政府も賛成して採択しています。その前文第７段落にこういうことが書かれているんです。

ここに、土地、領域及び資源に対する権利について、「先住民族の政治的、経済的及び社会構造並びにその文化、精神的伝統、歴史及び哲学に由来する先住民族の固有の権利」だ、という書かれ方をしています。

この「固有の権利」という意味は、先住民族がそもそも持っている権利なんだということですが、なぜ固有かというのは、結局は政治的、経済的及び社会構造や、その文化、精神的伝統、歴史、哲学などに由来するものだから、ということなんです。そういうものを解明する中でそれらに由来してそもそも先住民族が本来的に持っている権利ですよ、という意味なんですね——ちょっと分かりくいので、この点は後から少し説明したいと思います。

同じく宣言の26条1項では、「先住民族は、自己が伝統的に所有し、占有し、又はその他の方法で使用し、又は取得した土地、領域及び資源に対する権利を有する」と、明確に先住権を規定しているのですが、ここでも伝統的に所有したり、占有したり、その他の方法で使用したりした土地や領域、資源に対する権利なんだ、ということが明記されています。

これらからわかることは、先住権というものが認められるのは、その先住民族の社会構造や伝統、歴史などに根拠があるんだということなのです。だからそれらを明らかにしていかないと、そもそもどういう人たちがどういう権利を持っているのか、というのが分からないんですね。

一般的には「土地、領域および資源に対する権利」とされていますが、その権利が具体的にはどういう権利なのかを明らかにするには、社会構造や伝統、歴史などを明らかにしないといけないことなのです。次に、「先住民族」

①　なぜ先住権が認められるのでしょうか？

先住民族の権利に関する国連宣言（2007）は、

土地、領域及び資源に対する権利について、
「先住民族の政治的、経済的及び社会構造並びにその文化、精神的伝統、歴史及び哲学に由来する固有の権利」（前文第7段落）

26条1項では、
「先住民族は、自己が伝統的に所有し、占有し、又はその他の方法で使用し、又は取得した土地、領域及び資源に対する権利を有する」と規定

つまり、先住権が認められるのは、その先住民族の、社会構造、伝統、歴史等に根拠があるのです。

といっても、先住民族の誰が権利を持つんだろうかという問題を考えてみます。

（2）誰が権利を持つの？

結論から先に言いますと、アイヌの場合は、かつて蝦夷地に暮らしていたアイヌの集団――一般にはコタンと言われていますが――そういうアイヌ集団コタンがそれぞれ権利を持っている、ということなんですね。「先住民族の権利に関する国連宣言」ではIndigenous peoples（先住民族）とIndigenous individuals（先住民族に属するそれぞれの個人）の二つを明確に分けて規定しています。つまりpeoples（集団）なのか、それともindividuals（個人）なのか、どちらがどういう権利を持っているのか、その権利の内容を細かく分けて規定しています。そして、先住権という権利はpeoples（集団）の権利としているのです。

先ほど、日本政府は2007年に採択に加わったと言いましたが、peoplesの「s」はいらないんじゃないかという主張をけっこうしてるんですね。もし「s」を取ったら「先住民の人々」ということなんですよね。そしたら先住民の一人ひとりの個人と区別が付かなくなるんですね。つまり日本政府は宣言の採択の時から、先住権の主体であるアイヌの「集団」を曖昧にしよう

② 誰が権利を持つの？

かつて蝦夷地に暮らしていたアイヌの集団（コタン）が権利を持っています

先住民族の権利に関する国連宣言（2007）は、
Indigenous peoples　　（先住民族）の権利
Indigenous individuals　（先住民族の個人）の権利
とに分けて記述しています

土地や自然資源を使用、利用する権利は、Indigenous peoples（先住民族）の権利と明記され、「先住民族の各集団」の権利とされています
先住権とは何か、誰がその権利を持つのかについてアイヌの歴史から考えましょう！！

と目論んでいたと思われるのです。そして土地や自然資源を利用する権利を有する者は、宣言の26条1項で「先住民族は」（Indigenous peoples）とされており、これは「先住民族の各集団」の権利とされているのです。

それではアイヌの場合には誰なのか、ということなんです。従来、アイヌ民族の権利の関係では、そこが曖昧にされていたんです。例えば、ラポロアイヌネイションは十勝川のアイヌの人たちですが、彼らが石狩川でサケを獲る権利があるのか、ということを考えてみます。アイヌ民族の権利というと、その辺が非常にモヤッとしてしまって、「石狩川でも獲れるんじゃないの？アイヌなんだから」となりかねないですね。だけどそれは間違いで、あくまでアイヌそれぞれの集団が持つのだけど、どういう集団が持つのかというのは、先ほど言った歴史や伝統などから見ていかないといけない、ということなんですね。

さて、では歴史を遡ってみましょう。この辺は第2回の榎森先生がお話しされると思うので、エッセンス部分だけ述べたいと思います。

（3）アイヌの歴史を遡る

今のところはっきりと遡れるのは江戸時代の初期までですので、その時代から幕藩体制下におけるアイヌの状況を見ていきたいと思います。

③ アイヌの歴史を遡る

江戸時代における徳川幕府の対アイヌ政策

その基本姿勢は、
　　蝦夷（アイヌ）のことは蝦夷任せ
　　蝦夷地は、化外の地、異域

つまり、蝦夷地には幕藩制の支配が及ばず、
　　　アイヌが土地や自然資源を支配していた
　　　アイヌに対する課税や賦役もなかった
アイヌは交易の相手であった
幕末に経済的支配が強くなるが（場所請負制）、化外の地、蝦夷任せ、という基本は変わらなかった　（第2回の榎森講演）

徳川家康は、1604年に松前藩主　松前志摩守に黒印状を与えました。他藩であれば一定の領地何万石を安堵する、というようなものですが、黒印状（その後の将軍は朱印状になる）では、松前藩のある北海道ではお米がとれないため、領地ではなく、対アイヌとの独占的な交易権を任される、ということになっています。幕藩制時代ずっとこういう黒印状あるいは朱印状というものは、将軍が変わるごとに新将軍から松前藩主に渡されていますが、一貫して変わらないのは、松前藩に与えられるのがアイヌとの独占的交易権ということなんですね。

そのためにどうしたかというと、「蝦夷地」と「和人地」という地域区分を明確にします。和人は和人地のみを支配し、蝦夷地には交易のために松前藩士だけが出かける場所とし、それ以外の和人は蝦夷地には入れないようにしたのです。それまで自由にアイヌと交易をしていた本州の藩は一切蝦夷地に入って交易することができなくなりました。当時アイヌのことを蝦夷と言っており、蝦夷地は化外の地とされていました。化外の地という意味は外国、異域なんですよ。したがって和人の支配が及ばないのですから、黒印状（その後の朱印状）では、蝦夷地に住む蝦夷（アイヌ）のことは蝦夷任せ、つまり蝦夷の自由、アイヌの自主的な判断に任せますよ、ということが定められていました。つまり江戸時代の幕藩体制下では、幕藩制の支配というものが蝦夷地には全く及ばなかった。アイヌに対しては幕府からの課税や賦役も課されず、自分たちの判断で土地や自然資源を支配していました。アイヌは単に交易の相手方であったということです。確かに幕末になると場所請負制のために、あるいは幕府直轄にも一時なったりして、和人のアイヌに対する経済的支配が強くなるんですね。それでも化外の地である、外国である、あるいは異域であるので、そこのことは蝦夷（アイヌ）に任せるという基本は、変わらなかったのです。

実はこのことを確認することが大事で、例えば松前藩の交易品に蝦夷錦というのがありました。これは中国からアイヌとの交易を通じて松前藩との交易品になる訳ですが、もし蝦夷地が幕藩制の支配下にあるのだとすれば、蝦夷地も鎖国の対象になってしまうんですね。それではアイヌが中国交易で蝦夷錦を入手することはそもそもできないわけです。逆に蝦夷錦を入手したりなど、千島や樺太の方からいろんな交易品をアイヌが得てきて松前藩と交易していたということは、蝦夷地には幕府の支配は全く及ばなかったということ、あくまで一貫して化外の地、外国だったということが、歴史の中から見えてくるんですね。

これが当時の「和人地」と「蝦夷地」の地図ですが、初期の和人地は本当にごく小さな範囲ですね。幕末になって広くなると言ってもやっとこの辺まで。この少し広がった地域は村並といって村と同等の扱いをされますが、内地、本州以南のように年貢とか、村に対する賦役とかはなかったということです。

当初和人地と蝦夷地の境には番所を設け、アイヌも入っちゃダメ、和人も出ちゃダメと、人物の往来を厳しく取り締まっていました。ですから北海道のほとんどが、蝦夷地としてアイヌの自由に任されていた、ということが分かると思います。

■蝦夷地でのアイヌ社会の様子（1）

それでは蝦夷地のアイヌ社会では、アイヌの人たちはどういう生活をしていたのかということを見ていきます。最初に言った政治的、経済的、および社会構造をまず見ていこうということです。「数戸から数十戸団結して部落（コタン）をなし各所に散居」――北海道の随所にこういう集落があったということなんですね。この文章は明治44年発行の北海道庁「北海道旧土人」という報告書の中に書かれているものですが、明治期まではまさにこういう状況があったということです。

ではコタンというのはどういう性格なのでしょうか。海保嶺夫先生の『日本北方史の論理』という本にはこのように書かれています。「コタンはコタン近傍にある小流域（川）の漁業権とその流路（川）に付属する小空間での狩猟権を占有する小共同体」である、と指摘しています。川だけではなくて空間での狩猟権、これも占有していた。つまりほかの者が入るのを排除していたということなんですね。このコタンというのが江戸時代におけるアイヌ社会の基本単位です。

海保先生の考え方によると、この小共同体が一つの河川流域全体を支配する河川共同体を形成するとしています。それもコタンと言ってもいいと思うんですよ。その小共同体、小さなコタンが集まって河川共同体を形成する。さらに、そういう河川共同体がそれぞれ集まって共同体連合のようなものをなしていく。ご存知の方も多いと思いますが、シャクシャインの乱というのがありました。あれは静内川という日高地方の川争いなんですが、シャクシャインの勢力範囲は、静内川から日高山脈を越え、十勝も超えて釧路まで及んでいたと言われています。かなり大きな共同体連合だったんだろうと思います。

ただあくまで基礎単位としては、それぞれのコタン集団の小共同体をなしていたのです。なぜなら、この小共同体が先ほど言ったような占有の主体になっていたからですね。そういうコタンあるいは小さな共同体はどんなことをしてたのか、これは高倉新一郎先生の『アイヌ政策史』（昭和 17 年）の中

蝦夷地でのアイヌ社会の様子(1)

コタンの様子（政治的、経済的及び社会構造）

「数戸から数十戸団結して部落（コタン）をなし各所に散居」

（「北海道旧土人」北海道庁明治44年）

「コタンはコタン近傍にある小流域の漁業権とその流路に付属する小空間での狩猟権を占有する小共同体」

（「日本北方史の論理」（海保嶺夫S49）

「部落（コタン）もしくは部落共同体は共有の漁猟区をもっていて、団員はこれを自由に使用しえたが、団員以外の者が無断で闖入し狩猟することを禁じ」（「アイヌ政策史」高倉新一郎Ｓ17）

・・・コタンの独占的・排他的漁猟権

で説明してるんですが、こういう部落（コタン）もしくは部落共同体は共有の漁業や狩猟の区域を持っていて、そのメンバーは全くこれを自由に使用できたけれども、メンバー以外のものが無断で闖入して狩猟することを禁じていたとのことです。つまりコタンあるいはコタン共同体は、独占的・排他的な漁猟権をその場所で持っていた、ということなんですね。「独占的・排他的」というのは「他の人が入ることを許しませんよ」「もし入ってきたら罰しますよ」という意味なんです。各コタンはそのような独占的・排他的漁猟権をもっていた、とされています。

そういうコタンの様子を松浦武四郎という人が書き留めています。安政5（1858）年、ちょうど安政の大獄が吹き荒れているころ、松浦武四郎さんが北海道十勝川のところを歩いて記したものです。これが昔の十勝川本流です。今裁判を起こしているのはここの流域でのサケ捕獲権なんですが、ここにアイウシという場所があります。この場所には、北海道大学が昭和初期に持ち去った95体以上の遺骨を埋葬していたコタンがあります。それ

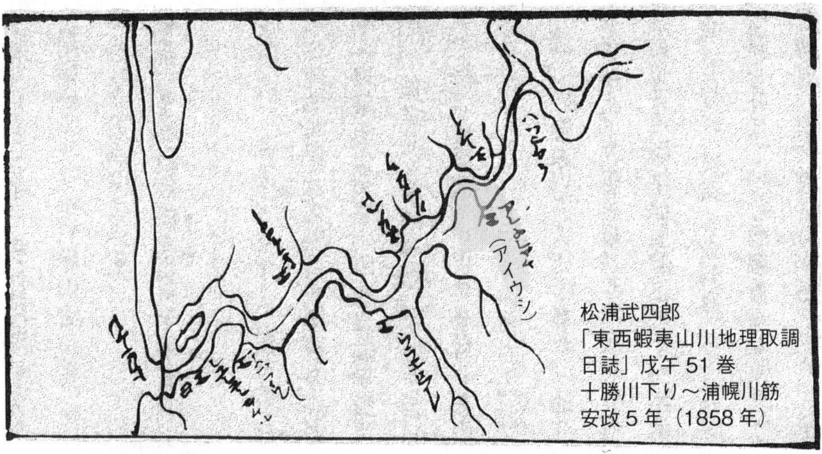

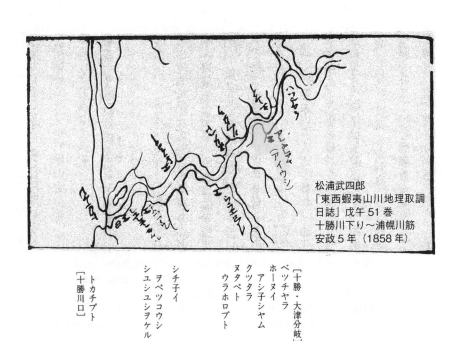

松浦武四郎
「東西蝦夷山川地理取調日誌」戊午51巻
十勝川下り～浦幌川筋
安政5年（1858年）

［十勝・大津分岐］
ベツチヤラ
ホーヌイ
アシ子シヤム
クツタラ
ヌタペト
ウラホロプト
シチ子イ
ヲペツコウシ
シユシユシヲケル
トカチプト
［十勝川口］

ぞれの地名が書いてあって、ここには何戸何人、ここには何戸何人というのを松浦武四郎は書いています。だからこの一つ一つがアイウシコタンとか、ヲペツコウシコタンとかがあって、サケ漁など共同してやってた可能性もあるんじゃないかなとは思います。こういう小コタンが十勝川河口域には複数あったんです。武四郎の資料によると、このアイウシからトカチまでに107人のアイヌの名前が記載されています。だから3つか4つのコタンに107人のアイヌの人が暮らしていたということになります。

■蝦夷地でのアイヌ社会の様子（2）――コタンの暮らし

ではコタン内部のアイヌの人たちの暮らしはどうだったのか。宗教的・祭事的な冠婚葬祭はコタン全員でやっていました。漁猟、狩猟もやってました。それから裁判もやっていました。先ほどの北海道庁の「北海道旧土人」報告書では、コタンの長（コタンコロクル）の職務は「部落（コタン）を統率し漁猟に部民を指揮し」、とあり、コタンの最高指揮官になるわけですね。それから「婚姻葬祭などの禮により」、つまり全てコタン内の冠婚葬祭を司り、「部落（コタン）を代表して交渉」、つまりコタン間の交渉をするなどの権限を持っていました。江戸時代末期までこのコタン間の交渉は大事で、特にサケ捕獲をめぐってはけっこう争いがあって、その抗争を指揮することも

蝦夷地でのアイヌ社会の様子(2)

コタンの暮らし

・冠婚葬祭
・漁猟、狩猟
・戦争
・裁判など

「酋長（コタンコルクル）の職務は部落を統率し漁猟に部民を指揮し婚姻葬祭等の禮に與り」「部落を代表して交渉」「闘争の指揮」「罪人の処分」・・・

（「北海道旧土人」北海道庁明治44年）

「一つ一つの村社会は小さな独立国家に似た集団」

「裁判は私がこの地で暮らし始めた頃でも未だひそかに行われていた」

（「アイヌの暮らしと伝承」（和訳）ジョン・バチェラー　1877（明治10）年来日）

していました。戦争をする権利、交戦権もコタンは持っていましたので、その統帥権もコタンコロクルがもっていた。

それから罪人の処分ですが、刑事事件の裁判をして処分をする。奇異に思うかもしれませんが、そういう小さなコタン内に、刑事法、民事法という法があったんですね。その法に背いた人たちに対して刑事手続、民事手続も定まっていて、その手続に基づいて処分をする。この内容は各コタンで違うようで、コタンコロクルが決定する場合や長老が集まって決めたりする場合、あるいは村人全員の前で、被害者、加害者の双方に議論させるとか、いろいろあったようです。少なくとも各コタンで裁判をやっていた、というのが大事なんです。

例えばジョン・バチェラーという人の『アイヌの暮らしと伝承』（北海道出版企画センター、1999）という本の中に「一つ一つの村社会（つまりコタン）は小さな独立国家に似た集団」である、とあります。確かにそうなのです。冠婚葬祭は血族親族的な団結のもとで行われ、一定のコミュニティーを形成し、戦争する権限を持ち、裁判を行い、独占的・排他的に漁猟して狩猟していたのですから、確かに小さな独立国家集団と言えるのです。さらにバチェラーは「裁判は私がこの地で暮らしはじめた頃でも、未だに密かに行われていた」と書かれているので、和人に支配された明治以降になっても、各コタンの裁判というのは意外と根強くやられていたということです。

■アイヌの歴史からわかること

こうしたことから、蝦夷地における“コタン”とは何か、という問題が、すこし明らかになったと思います。

コタンというものが政治的、経済的、社会構造的に重要な基礎的な単位になっていたと同時に、それは一つの独立国家に似たような集団として成り立っていた。こういう歴史からみて、コタンという集団が一定の支配領域（それをアイヌ語でイオルと言うようですが）を持って、独占的・排他的に狩猟・漁猟を行っていた。つまり土地や自然資源に対する権利というのは、元々そこにいたコタンという集団が持っていたのだということで、先住権の根拠にもなるし、誰が主体かという問題にも通じていくわけです。

もちろんこの漁猟・狩猟で得たものは、コタン内の構成員の食糧になると同時に、重要な交易品にもなっていました。ですからコタンとしての経済的基盤もこの権限に基づいていました。“サケを捕獲する権利”と言った時には、ただ単に儀式のためのサケ漁ではなくて、自分たちの食料を確保する漁であり、経済活動のための漁ともなる捕獲権ということになります。

さらにコタンでは裁判を行ったり戦争もしていた。そういうところから見ると、コタンは自決権をもっていることにもなります。自らを決する権限、誰にも左右されないで、自分たちのことは自分で決める。この自決権は主権という言い方もできるでしょう。self-determinationという言い方もされています。少なくともコタンというのは何者にも影響されない、自らで自立、自活していく権利を持っている集団だ、ということになります。それは歴史的にそういう存在だったということです。

この自決権から、例えば遺骨返還請求権とか、あるいは集団における教育権があるとか、さまざまな権限が導かれます。広い意味では先住権の根拠も自決権に由来する、と言ってもいいんですよね。「先住民族の権利に関する国連宣言」では、例えば3条では「先住民族は自決の権利を有する」、12条では「遺体及び遺骨の返還に対する権利」を持つ。あるいは14条では固有の言語で教育を提供する権利とか、そのような権利を持つと規定されていま

アイヌの歴史からわかること

- コタンという集団が一定の支配領域(イオル)を持ち、独占的・排他的に漁猟・狩猟を行っていた ・・・・先住権の根拠

- コタンで冠婚葬祭、裁判も行い、時にはコタン間の戦争もしていた
  ・・・・コタンは自決権(self-determination、sovereignty(主権))を持つ集団

自決権から、遺骨返還請求権、集団内の教育権など様々な権限が導かれる

先住民族の権利に関する国連宣言

3条 「先住民族は、自決の権利を有する」

12条 「先住民族は、遺体及び遺骨の返還に対する権利」

14条 「先住民族は、固有の言語で教育を提供する教育制度及び施設を設立し」「管理する権利を有する」

す。

先程先住権の定義はない、と言いましたが、これらの自決権の内容も含めて全部先住権という人もいないではありません。しかし一般には、コタンの自決権（主権）がおおもとにあって、そこから由来する権利として、土地や自然資源に対する権利（先住権）がある、というように分けて考えた方が緻密になるのかなと思います。「宣言」はどちらかというとそういう体裁をとっています。ですからこれを全部ひっくるめて先住権というよりも、土地や自然資源に対する権利を先住権と言った方がいいだろうと思っています。アメリカでもそういう捉え方をされているということです。

（4）先住権の内容

次に先住権の内容を、具体的に見てみたいと思います。歴史的・伝統的・慣習的にコタンによって行われていた権利とはどういうものでしょうか。その文化とか精神的伝統、歴史や哲学を見て、どういう権利があるか、ということですね。サケについて考えましょう。これはもう言うまでもなく、アイヌにとってサケは神の魚であるといわれ、食事の調理方法も20何種類あるそうで、要はアイヌはサーモンによって生きてきたサーモンピープルなんですね。サケは精神的、経済的文化の基礎となり、生活の支柱であったのです。これはその地域のアイヌ集団にとって歴史的・伝統的・慣習的に成立した先住権の一つだろうと考えることができます。

クジラの捕獲も、それは獲っていた地域があればその通り先住権になりうる。ただそれが寄ってくる寄りクジラ漁（クジラが自分から砂浜に上がってしまう）か、少し船を出して浜に寄せる寄せクジラ漁かどうかで、どういう権利なのかは少し分けて考えないといけない。またクジラの捕獲権は、クジラが全くない内陸のコタンでは、権利として考えるのは難しいですね。

木を伐るのもそうです。オヒョウもあらゆる地域のアイヌが、オヒョウから服を作ったりしていたので権利と認められるでしょう。食糧、薬草などとしての植物採取、これは生活そのものでこれらは基本的に歴史的・伝統的・慣習的にコタンによって行われていたでしょう。具体的にひとつひとつの地域で、どのコタンが歴史的・伝統的・慣習的に、どのように自然資源を利用していたかどうかが問題になってきます。

先住権の内容をもう少し具体的にみていきましょう。次のような質問をよく受けます。「アイヌの人たちはアイヌ衣装を着て、丸木舟で、マレックといわれるモリのような道具を使ってしか、サケを獲ることができないんですか？　丸木舟じゃなくて船外機をつけてエンジンかけて、網漁をすることはできないんですか？」あるいは「今、どこの川でもけっこうやっている人工増殖のサケは捕獲できるんですか？」

回答としては、例えばその川でサケを獲る権利があるかどうかは、コタンが昔そこでサケを獲っていたかどうか、そういう歴史や伝統慣習があるかどうかで決まるんですね。先ほどのクジラのように、クジラを獲ったことのな

④　先住権の内容

ア　歴史的・伝統的・慣習的にコタンによって行われていた権利

（その文化、精神的伝統、歴史及び哲学）

サケの捕獲	アイヌはサーモンピープル（文化、生活の支柱）
クジラの捕獲	寄りクジラ漁か寄せクジラ漁か 内陸のコタンには難しい
木を伐る	チセを建てるには当然
植物の採集	生活そのもの
水を灌漑する	調査が必要だが難しい

イ　具体的に見てみよう

Ques.　アイヌの人たちは、アイヌ衣装を着て、丸木舟を使って、マレックというモリのような道具でサケを獲ることしかできないか？
or 船外機を付けた漁船で網漁をすることができるのか？

Ques.　人工増殖のサケは捕獲できるか？

Ans.
1　その川でサケを獲る権利があるかどうかは、コタンが昔サケを獲っていたかどうかで決まる（歴史、伝統、慣習）
2　権利があるとすれば、その後の技術の進歩によって新しい漁法でのサケ捕獲が認められる
3　自然産卵か人工増殖かの区別はできない　捕獲できる（アメリカの判例）

（宣言11条）　先住民族は、その文化的な伝統及び慣習を実践し、再活性化させる権利を有し、・・・自己の文化の過去、現在および未来の表現を維持し、保護し、及び発展させる権利が含まれる

い内陸のコタンには捕獲権を認めることはできません。

ですから伝統的・慣習的・歴史的に自然資源を利用していたかどうかの問題がまずあり、サケを獲る権利が認められれば、次に、その後の技術進歩による新しい漁法でのサケ捕獲も、当然に認められるか、と分けて考える必要があります。後者の点では、「宣言」11条は、「先住民族は、その文化的な伝統および慣習を実践し、再活性化させる権利を有し、…自己の文化の過去、現在および未来の表現を維持し、保護し、及び発展させる権利が含まれる」とあります。その後の技術進歩の成果は、この発展させる権利に含まれます。

それはそうですよね。アイヌの場合も、明治政府によって支配されて権利を奪われなければ、当然に技術を発展させて、丸木舟じゃない船外機付きの漁船でサケを獲っていたはずなんです。そういうことを考えると、権利がそもそもあるかないかは歴史・伝統・慣習によって決まるけれども、その権利の内容というのは、今の技術革新してきた内容になっていくということなんですね。これはアメリカの最高裁判例でも認めている動きです。ですから、あるアイヌコタンにサケ捕獲権があると認められれば、そのコタンには発展させる権利に基づいて船外機付きの船を利用して、ナイロン製の網を使ってサケ漁をする権利があることになります。

それから人工増殖のサケについては、川を遡上してきたサケを獲ろうとした時、そのサケが自然産卵か人工増殖のサケかは区別できないですよね、だから当然捕獲できる。これはアメリカの判例でも明確に言っています。このように考えると、先住権というものを、今の状況に合わせて具体的に考えていくことが重要と思います。ここまでが先住権の内容です。

2．無視された明治以降のアイヌの権利

まず明治以降の政府のアイヌの権利に対する考え方を見ていきましょう。

明治政府にとっての蝦夷地の価値は何かというと、北海道の豊かな自然資源――土地資源、水産資源であり、木材資源であり、鉱物資源の宝庫と言う点が第一にありました。開拓使はお雇い外国人を使って道内隈なく調査して

第2　無視された明治以降のアイヌの権利

明治政府にとっての蝦夷地の価値

ア　豊かな自然資源（水産資源、木材資源、鉱物資源）
イ　幕府崩壊後の巷に溢れる武士の開拓移民
ウ　対ロシアの防衛拠点

アイヌ政策

撫育・教化という同化政策（和人と異なる地位は認めない）
アイヌは和人と平等という理由から権利を無視

いますね。米ではなくて牛がいい、羊がいい、果樹がいいということを報告したり、あるいは鉱物資源では夕張で石炭を発見したりしています。第二に幕府崩壊後の巷にあふれた武士たちを、開拓移民として送る場所として、第三に対ロシアの防衛拠点としての重要性もいわれています。

アイヌ政策についてはどうしたかというと、和人と異なる地位は認めない。あくまで撫育・教化という同化政策を推し進めるという考えでした。そしてアイヌは和人と同じ、平等なんだから特別な権利はない、といって無視するんです。これが明治政府の基本的な立場です。

■蝦夷地開拓の実施

土地については、明治５年に開拓使が土地売貸規則、あるいは地所規則を定め、土地は全て官有にする、とします。明治政府は天皇が唯一の主権者ですから、「官有」の意味は天皇の土地であり、資源も全て天皇の支配下に置くということなんです。

ですから自由な漁は全て禁止し、許可制にします。だからアイヌは勝手にサケを獲れません、としてしまう。シカ猟も免許鑑札を受けたものしかできません（明治９年布達）。アイヌは和人と同じなんだから特別な権利はありません、ということです。

その一方で何をしたかというと、明治10年石狩川に、明治11年西別川にもサケ缶詰工場を作り、明治11年にはシカ缶詰工場も作っています。石狩のサケ缶の生産量は明治 14 年に 74,356 缶、苫小牧のシカ肉の缶詰生産量が明治 11 年 76,313 缶——これは『石狩町史』とか『苫小牧市史』に出ている数字なので多分間違いはないと思います。どういうことかと言うと、開拓使が資源を独占して捕獲し、加工して、軍事物資として海外輸出したということですね。

こういうことを行う開拓史とは一体なに者か、開拓使はどこに所属するのか、ということも考えておきましょう。明治政府の体制は王政復古により天皇が頂点に立ち、そのもとに平安時代のように太政官がおかれ、その附属機関、外局的存在として開拓使が設置されました。ですから太政官直属の開拓使は単なる地方長官ではなく、民部省、大蔵省、外務省、兵務省などと同じ権限、かなり大きい権限を持っています。開拓使布達は、よく記録を見ると太政官の裁可を得ています。つまり天皇の決定のもとに行われた開拓だということになります。

こういう蝦夷地支配のやり方というのは、北海道独特なのかということも考えてみたいと思います。本州以南の江戸時代までの漁業について簡単に見てみましょう。浜の支配権は江戸時代まで一村または数村の専用漁場制として地先海面漁場制というのがありました。これは前に触れたアイヌの漁業権と非常によく似ているのですが、違いは主権を裏付けとしていないということです。そして、明治８年の太政官布告や明治９年の内務省達などでは海面

蝦夷地開拓の実施

1　土地や資源

　土地は官有･･･天皇の土地（土地売貸規則（明治5年）、地所規則（同））

　資源は天皇の支配下

　　サケ漁･･･「自由な漁は禁止」「許可制」（明治16年札幌県布達甲23号等）

　　シカ猟･･･免許鑑札（明治9年乙11号布達）

　　サケ缶詰工場　明治10年（1877）･･13,246缶、明治14年（1881）･･74,356缶

　　シカ缶詰工場　明治11年（1878）･･76,313缶

2　政府機関

　開拓使の設置･･･　天皇の下に王政復古により太政官がおかれ、

　　　　　　　　　太政官の付属機関として開拓使（外局的存在）

　　　　　　　　　開拓使は民部省、大蔵省、外務省などと同じ権限

　開拓使布達････太政官の裁可を得ており、天皇の決定と同視

はすべて官有とし、村の専用漁場制を消滅させ、新たに漁業権を出願させ、許可制としました。江戸時代までの漁場関係を整理し、全国的に統一して天皇のもとに集中し、改めて人民がこれを借り、「使用料」（府県税）という租税徴収の統一を図ったわけです。内務省達では内水面も同じとし、川も同じ扱いを受けました。

明治政府はこのように本州と北海道とで基本的には同じ政策を講じたのです。ただ本州では、このやり方が徹底出来なかった、なぜなら各地からの反発が強く、全国統一的に天皇に集中するということはできなかったようです。逆に言うと、北海道ではそれをできたということですね。どっと和人が入ってきてアイヌより本州からの和人のほうの力関係が強くなり、アイヌは力が弱かったために、天皇制による支配が本州よりもより貫徹されてしまったということです。

天皇制による支配

本州以南の江戸時代までの漁業について
地先海面漁場制・・・一村又は数村の専用漁場制
しかし、明治以降

明治8年太政官布告23号、195号、215号・明治9年内務省達乙116号
海面はすべて官有とし、漁場使用権は消滅させ、新たに出願、許可
江戸時代までの漁場関係を整理し、全国的に統一して天皇の下に集中し、
あらためて人民がこれを借り、「使用料」（府県税）という租税徴収の統一を図る。内務省達乙116号**は内水面も同じとする（潮見俊隆「日本における漁業法の歴史とその性格」S36）**
しかし、実際は（各地の反発）、旧慣を前提とし免許制、府県税とした
＊北海道の規制も同じ意図
ただ、アイヌの権利は無視する

こういう資源管理は、実は現在にも繋がっています。天皇から行政機関へと、漁業権については水産省のホームページで、行政庁の行政行為（免許）により取得されます、とされています。つまり行政庁が許可しない限りは、日本全国海川合わせて「国民の漁業権」というのは出てこないんです。

天皇から行政に変わっているだけで、水産資源保護法ではサケを明記して、川での全面捕獲禁止です。ただたまたま、北海道内水面漁業調整規則では試験や研究、あるいは儀式など伝統文化保存の場合には、知事の許可を得て何

現在に引き継がれる資源管理

天皇から行政機関へ

＊　漁業権について（水産庁ホームページ）

漁業権は、一定の水面において特定の漁業を一定の期間排他的に営む権利」であり、定置漁業権、区画漁業権及び共同漁業権の3種類があります。
漁業権は、漁業権制度及び沿岸漁場管理制度を合わせた全体計画として、5年ごとに作成される漁場計画（海区漁場計画及び*内水面漁場計画*）において設定され、行政庁の行政行為（免許）により取得されます。

＊　水産資源保護法

サケは捕獲禁止

＊　北海道内水面漁業調整規則

試験、研究、儀式など伝統文化の保存は知事の許可

＊　水利権も許可水利権（河川法23条）、慣行水利権は例外中の例外

匹か獲ることができますよ、ということになっています。ここでも知事の許可ですね。つまり、日本では自然資源は国の物で国民は国から許可を受ければ資源を得ることができる、という体制を確立しているのですね。その始まりが北海道ではアイヌの権利を奪って始められたということになります。

■明治政府のどこがおかしい？

こういう明治政府のどこがおかしいのでしょうか。

アメリカの場合ですが、合衆国政府は、各インディアントライブ（コタンと同じような集団という意味です）との条約によって土地や自然資源を買い取っていきました。インディアントライブ側からすると、条約によって売

明治政府のどこがおかしい？

＊　アメリカでは

合衆国政府は、各インディアントライブとの条約によって、土地や自然資源を買い取っていった。インディアントライブが残した土地をリザベーション（保存地）という。
条約による買取の理由は、インディアントライブは主権集団で、一定範囲の土地を支配する権利（possession）を持つから

＊　ケプロン報文（明治12年）では、白人へ払い下げする土地は連邦政府がインディアントライブから買い取った土地としている（public lands）

＊　開拓使は、これを知っていながらアイヌの権利を無視

り渡してしまった残りの土地を保存地、リザベーションとして支配しています。なぜ条約によって買い取らなければいけなかったのかと言うと、インディアントライブは主権集団であって、一定範囲の土地を支配する権利（possession）を持つからです。単なる占有ではなく“所有”という強い権限を持つので、条約を結んで買い取らないと無理なんだよ、ということです（連邦最高裁の判決）。

このことを、実は開拓使も知っていたということなんです。ケプロンというお雇い外国人が報文を開拓使に提出しています。その中で、アメリカでは白人へ払い下げする土地は連邦政府がインディアントライブから買い取った土地、と明記しています。そういう土地をパブリックランドと言いますが、パブリックランドしか白人に払い下げはできないとする法律を、開拓使にちゃんと教えていました。開拓使はそれを知っていながらアイヌの権利を無視して、官有にするということを実行していったわけです。

これは法的には違法な侵略だろう、厳密に詰めてみるとやはり法的にも侵略だな、と思っています。支配領域を持って、コタン内を主権をもって統治して、そのコタン内での土地や自然資源は独占的・排他的に利用していたのだとすれば、明治政府はやっぱり蝦夷地の各コタンから自然資源を買い取る必要があった。しかもそのことをケプロンから教えてもらって知っていたにもかかわらず、一方的に官有（天皇の土地）としてしまった。これは違法な

コタンへの違法な侵略

コタンは主権を持ち、
支配領域を有し（イオル）コタン内を統治し、
独占的・排他的利用をしていた。

とすれば、明治政府は蝦夷地のコタンから土地や自然資源を買い取る必要があった。
しかも、開拓使はアメリカでの例を知っていた。

しかし、一方的に官有（天皇の土地）とし、資源も官有（天皇の資源）とした

⇒ これは、「違法な侵略」である

侵略じゃないですかと、僕は思います。

> **コタンは権限を失ったのか？**
>
> **違法な侵略である以上**
>
> **依然として、コタンは自決権を有し、**
> **支配領域を持ち、**
> **土地や資源資源を利用する権利を有している**
>
> **これが法的な当然の結論**

そういう侵略があって、コタンは現在ではもはや江戸時代のような権限はないのか、ということなんです。違法な侵略である以上、依然としてコタンは自決権を持ってるし、支配領域を持ってるし、土地や自然資源を利用する権利を有している――これが法的な当然の結論だと思います。違法な結果は元に正すというのが、当然の結論だと思うんですよね。そういった意味で土地や自然資源というものが大事だということを、「宣言」は当たり前に規定をして、先住民族の権利だと謳っているんです。

ですから宣言の方向は、まさに明治政府の違法な行為を正していく方向でもあるだろう。今まさにこれが問題になっていることです。

3-（1）先住権をめぐる現代の問題点――①

2019年にアイヌ文化施策推進法というのができました。アイヌの権利に

> **第3 先住権をめぐる現代の問題点①**
>
> **アイヌ文化施策推進法は、アイヌの権利について言及していない**
>
> なぜか？
> **国は、**
> **先住民族であるアイヌはいる、しかし先住民族の権利は否定する**
>
> **つまり、アイヌとしての個人はいるが、権利の主体である集団は存在しないから、アイヌの権利について規定する必要はない、とするのが政府の公式見解**

言及していないからこの法律は駄目だと、よく言われますが、問題は何で言及していないのかということで、それを考えてみないといけないと思います。

■国の基本的立場とは…

国の基本的立場は「先住民族であるアイヌの人たちは日本にはいる、しかし先住民族の権利というのはない」という立場です。国は、一方でアイヌの血を引く人たちはいるとし、他方で「先住民族の権利はない」とするのです。アイヌとしての個人はいるけれどアイヌの権利は存在しない、というのは、権利の主体であるコタンという集団はもはや存在しない、という立場なんです。だからあえて施策推進法で、先住権のようなアイヌの集団の権利について規定する必要はない、とするのです。これが政府の公式的な見解ではないかと思ってます。

政府見解

大学が保管するアイヌ遺骨の返還に関して

ア　内閣官房アイヌ政策推進作業部会議事録(2013年4月19日)

「こういう遺骨等の返還に当たっては、アメリカでいえばトライブ、集団にお返しするのが基本だが、アイヌ民族に関しては、現在トライブに相当する集団として受けるべき組織があるか」が問題

（委員発言）

イ　内閣官房アイヌ政策推進作業部会議事録（2013年年6月14日）

事務局のまとめとして、

「海外では、民族又は部族に返還する事例が多く見られること、コタンまたはそれに対応する地域のアイヌ関係団体に遺骨を返還することが、アイヌの精神文化を尊重するという観点からは望ましいとも言える。一方、現実問題として、現在、コタンやそれに代わって 地域のアイヌの人々すべてを代表する組織など、返還の受け皿となり得る組織が整備されているとは 言い難い状況にあることも考慮する必要がある。」

・日本には遺骨返還を受ける集団がない→権利主体がない

大学が保管するアイヌ遺骨の返還に関して、内閣官房アイヌ政策推進作業部会が何回か開かれているんですが、その議事録（2013年4月19日）に、ある委員のこういう発言があります。

「こういう遺骨等の返還にあたっては、アメリカで言えばトライブ、集団にお返しするのが基本だが、アイヌ民族に関しては、現在トライブに相当する集団として遺骨返還を受けるべき組織があるかどうかが問題」。

この発言を受けてその次の議事録（2013年6月14日）に、内閣官房の事務局が次のようにまとめています。

「海外では、民族または部族に返還する事例が多く見られること、コタンまたはそれに対応する地域のアイヌ関係団体に遺骨を返還することが、アイヌの精神文化を尊重するという観点からは望ましいとも言える」――つまりまず原則的には、コタンまたはそれに対応する地域の集団に返すことが最も良いんだと言いながら、「一方、現実問題として、現在、コタンやそれに代わって地域のアイヌの人々すべてを代表する組織など、返還の受け皿となりうる組織が整備されているとは言い難い状況にあることも考慮する必要がある」。

要は日本には遺骨返還を受けるアイヌの集団がないというのです。この遺骨返還を受ける集団は先住権の主体となる集団でもあるわけですから、そういう権利主体がないんだから、あえて権利を施策推進法の中に設ける必要は

政府見解は事実を見ていない

1　コタンが存在しないとの実証はない

2　支配領域などがない、のが理由であれば、土地や自然資源をコタンから奪っているのは政府
自ら違法行為をし、違法な結果を前提にするのは許されない

3　各地域には血族に結ばれ（親族）、儀式や冠婚葬祭をともにし、働く場をともにするコミュニティーが存在する

各地のアイヌコミュニティーを母体としてコタンを再活性化できる

ないのだ、というのが、政府の見解だということなんです。この点はすごく大事だと思います。

そういう政府見解のどこが間違っているのか。まずはコタンが存在しない、ということの何の裏付けもない、実証的に説明されてもいないのです。大都市を見て感覚的に言っているとしか言いようがないのです。また江戸時代のような支配領域を持ってないだろうとか、裁判をやってないだろうとか、というのが理由であれば、そもそもそういう土地や資源をコタンから奪い、自決権を否定していったのは政府なんです。だから自ら違法行為をしながら、違法な結果を前提に「いや、今はもうコタンなんてないですね」なんていうのは許されない、ということです。

■コタンの再活性化を！

各地域には血族に結ばれ、親族として儀式や冠婚葬祭を共にしたり、働く場も多くの人が共にする、そういう地域コミュニティ、アイヌコミュニティというのが意外と各地にあるんですね。そういう各地のアイヌコミュニティを母体として、コタンというものを再活性化することはできるだろう、だから今すべきなのはコタンの再活性化であって、それは国だろうが地域社会だろうが、みんなが取り組まなきゃいけない問題だと思っています。

ここでもまた「宣言」の 11 条を引用しますが、「先住民族は、その文化的

何をなすべきか？・・コタンの再活性化

先住民族の権利に関する宣言11条

先住民族は、その文化的な伝統及び慣習を実践し、及び再活性化させる権利を有する。

＊文化的な伝統、慣習とは、Way of Life(生き方)であって、集団の経済的、精神的、文化的、社会的な一体的なの生き方のこと

今こそ、かつてのコタンの子孫たちはコタンを再活性化して、土地や自然資源を取り戻そう！！

ラポロアイヌネイション・・・十勝川下流域のかつてのコタンの構成員の子孫によって構成され、サケ捕獲権を取り戻そうとしている

な伝統および慣習を実践し、及び再活性化させる権利を有する」。この文化的な伝統、慣習というのは、要はその地域のアイヌの人たちの生き方であって、集団としての経済的、精神的、文化的、社会的に一体となった生き方のことなんです。だから単に丸木舟に乗ってアイヌ衣装を着て何かする、儀式をする、ということではなくて、かつてあった自分たちの、精神的・経済的な生き方を実現化する、再活性化する、そういう権利を持ってるということなんですね。だから今こそ、かつてのコタンの子孫たちはコタンを再活性化して、自然資源を取り戻そうじゃないか、というのが私の提案です。

ラポロアイヌネイションは十勝川のアイウシから下流域の、かつて存在していた複数のコタンの構成員の子孫によって構成され、複数の親族の集団が含まれています。さっき地図にあったアイウシあたりから下流域、今十勝川ではなくなって浦幌十勝川という川になってしまっているんですが、その流域のコタン構成員の子孫です。そういう子孫で構成される集団が、今、自分たちの文化のサケを取り戻すんだということを訴えている。まさにこれはコタンの再活性化そのものじゃないかなと思います。サケ捕獲権訴訟とは、ラポロアイヌネイションは歴史的に持っていたサケ捕獲権を依然として有している、そのことを国と北海道は認めろ、という裁判です。ところが現状までの国、北海道の主張は、現行の漁業法や内水面漁業調整規則（これは北海道の規則ですが）ではアイヌのサケ捕獲権を定めていないので、権利はありま

アイヌサケ捕獲権確認訴訟

ラポロアイヌネイションが20年8月に、国と北海道を相手に提訴

訴えの内容

　ラポロアイヌネイションは十勝川（現浦幌十勝川）河口付近のコタン構成員の子孫

　歴史的に有していた河口付近でのサケ捕獲権が存在することを求める

国・北海道の主張

　現行の漁業法や内水面漁業調整規則は、アイヌのサケ捕獲権を定めていない

　歴史的事実については、一切応答しない

知事の許可を得れば、サケは獲れるのになぜ？

　経済活動の重要性、精神文化の支柱、サケ捕獲こそアイデンティティー（アイヌとしての誇り）

せん、としか主張していません。まさにこういう漁業法とかが問題で違法ですよ、と言っているのに、その違法の法律を根拠に、アイヌについては権利があるとは一切定めてないのでラポロアイヌネイションの捕獲権は認めません、と言ってるんですね。歴史的事実についても、一切応答していません。

2022年11月18日現在までの整理です。サケ捕獲権はラポロアイヌネイションが固有の権利として有している、ということを前面主張し、さらにこの権利が実定法上どうなのかということで、慣習法とか国際条約、あるいは憲法などから裏付けられますよということを、11月18日に私たちは主張しました。国はそれに対してどういう反論をしてくるのかというのが見ものです。国が何て言うのかということは、明治以降150年の歴史上初めて、その歴史に触れるか触れないかという話なので、非常に興味深々というところです。ぜひ全国からこの裁判を注目していただきたい。

3-(2) 先住権をめぐる現代の問題点——②

サケの捕獲だけが問題なのか、ということもよく言われます。サケが減っちゃったらどうすんの？と質問を受ける場合もあるし、現代においてはやはりこの点も考えないといけないと思います。この点については、生物多様性条約８条Ｊでこういうことを言っているんです。

「自国の国内法令に従い、生物の多様性の保全及び持続可能な利用に関連する伝統的な生活様式を有する原住民（と訳されてますがindigenous and local communities、要するにここでも集団なんですね）の社会及び地域社会の知識、工夫及び慣行を尊重し、保存し及び維持すること、そのような知識、工夫及び慣行を有する者の承認及び参加を得てそれらの一層広い適用を促進すること、並びにそれらの利用がもたらす利益の衡平な配分を奨励すること」。

生物多様性条約という、生物多様性の保全をどう図るかという条約の中でindigenous communities、先住民族のことに触れていて、その慣行を有する者の承認、参加を得て、保全政策をとらなければならないと定めているのです。ということは先住民族の承認を得て、あるいは参加を得て、生物多様性を含めた持続可能な利用を考えるんだということを言っているんです。つまり先住民族の自然資源管理についての参加権、承認権、そして両者の利益の衡平な配分を行う、ということが国際条約で認められているのです。サケ資源の保全というのは、今まで国の権限で国が決めるとしか思われてきませんでした。あとはNGOが国に対して意見を言うとか、その程度ですよね。しかしサケを獲るだけでなく、サケを獲るためのサケ資源を保全することも、先住民族の権利なのです。そのことを生物多様性条約８条Ｊで規定しているんですね。

そのためには、今まで一元的だった国の資源管理、河川管理を根本的に変更しなければなりません。今まではダム建設とか河川改修工事も、あるいはサケ増殖事業も、国が資源管理の唯一の当事者だった。それに対して、国と対等な当事者として先住民族がいるのだということは、今後の生態系保全にとって極めて重要なことと思います。この場合の先住民族は、もちろん各コタンの末裔で作る再活性化したコタンのことですね。ラポロアイヌネイションの会長の差間さんから話があると思いますが、彼はまさに十勝川そのものを取り戻すのだ、その中でサケの捕獲権を求めるんだということを、強く訴えています。獲るだけじゃない、保全もあるんだということです。

先住権をめぐる現代の問題点②

サケの捕獲だけが問題なのか？

サケを捕獲できるのは、サケ資源の保全が前提

生物多様性条約8条J

自国の国内法令に従い、生物の多様性の保全及び持続可能な利用に関連する伝統的な生活様式を有する原住民(indigenous and local communities)の社会及び地域社会の知識、工夫及び慣行を尊重し、保存し及び維持すること、そのような知識、工夫及び慣行を有する者の承認及び参加を得てそれらの一層広い適用を促進すること並びにそれらの利用がもたらす利益の衡平な配分を奨励すること。

国の資源管理に対して、対等な当事者となる
ラポロアイヌネイションは、かつての十勝川を取り戻す目標を持つ

最後にもう一点。「知事の許可を得ればサケは獲れるのに、なぜ裁判を起こすんですか？」というような疑問にも、ちゃんと答えたいと思います。

ラポロアイヌネイションが求めているのは、儀式のためにサケを捕獲することではないのです。コタンとして昔から資源を利用して交易し、経済活動をしていた、そのことを再び行いたい、併せてサケは精神文化の支柱でもあるんだ、だからサケ捕獲こそアイヌとしてのアイデンティティであるし、サケを獲る民であるサーモンピープルとしての誇りである、ということなんですよね。

知事の許可を得ればいいと言っても、結局丸木舟で、アイヌ衣装を着けて、網漁は原則駄目、引数も何十匹と限定されているんですね。加工して販売することも禁止されています。そして「儀式のため」というその儀式というのは、今年のサケ漁が安全に行われますようにという儀式であるにもかかわらず、けっきょくサケ漁はできないんですね。これはやはり権利じゃない。それが、許可制という行政に委ねることの問題なんですね。だから自分たちはアイヌコタンとして、もう一度サケを獲る権利があるんだということを獲得したい、というのが、ラポロの希望であり、夢だろう思います。

Chapter 2

第２回／ 2022 年 1 月 23 日

歴史にみるアイヌ先住権

——江戸時代の幕藩制国家とアイヌ民族—

榎森　進

東北学院大学名誉教授

榎森　進　えもり・すすむ

1940年、山形県天童市生まれ。
歴史学者。東北学院大学名誉教授。
東北大学文学部卒業。北海道松前町史編集長、函館大学・東北学院大学教授を経て現職。『アイヌ民族の歴史』（草風館）など多数の著作がある。北大開示文書研究会会員。

歴史に見るアイヌ先住権——江戸時代の幕藩制国家とアイヌ民族——

講師／榎森　進

今日は、「歴史に見るアイヌ先住権」、サブタイトルが「江戸時代の幕藩制国家とアイヌ民族」というテーマで話をさせていただくが、対象とする時代をいわゆる「江戸時代」に限定しているので、1．幕藩制国家の成立と松前藩・アイヌ民族、2．江戸時代のアイヌ社会、という2つに分けて検討したい。

1．幕藩制国家の成立と松前藩・アイヌ民族

（1）当該問題を検討するための前提

まず、この問題を検討する前提として、松前藩は、日本列島の内、津軽海峡以北に所在する「蝦夷島」に成立した「藩」なので、幕藩制国家における津軽海峡以北の「蝦夷島（えぞがしま）」・「松前藩」及びアイヌ民族の国家的位置、という問題について触れておきたい。

近世におけるアイヌ民族の主たる居住地域は、現「北海道島」である「蝦夷島」を中心に、南は本州北端部の津軽半島と下北半島部、及び現「サハリン島」である当時の「唐太（からふと）島（文化6年｛1804｝6月以降は「北蝦夷地（きたえぞち）」）と千島列島（クリル諸島）の4地域であるが、この内、「蝦夷島」に成立した松前藩との関わりで重要な役割を果たしたのが、津軽海峡以北の「蝦夷島」・「唐太島（北蝦夷地）」・「千島列島（クリル諸島）」に居住していたアイヌ民族である。なお、本州の津軽半島地域に居住していたアイヌ民族は時の弘前藩の、下北半島地域に居住していたアイヌ民族は盛岡藩の支配下にあった。

こうした史実を押さえた上で、当該問題について検討したい。

このことを検討する上で重要な初歩的問題は、近世（時代呼称では江戸時代）における日本の社会や国家を歴史学では、「幕藩制社会」・「幕藩制国家」と称しているが、問題は、近世の日本の社会や国家を何故「幕藩制社会」・「幕藩制国家」と称しているのか、ということである。このことを考える上で大きな手掛かりとなるのが、17 世紀末における幕藩領主の階層別家数とその石高の関係である。それを示したのが次の「表１」である。

表１．17 世紀末の幕藩領主の階層別家数・石高

	家数	石高	%
幕府蔵入地（天領）		約 400 万石	15.6%
旗本領	2,482 家	275 万石	10.7%
大名領	243 家	1,854 万石	72.0%
（三家）	（３）家	145 万石	5.6%
（家門）	（13）家	186 万石	7.2%
（譜代）	（125）家	600 万石	23.3%
（外様）	（102）家	923 万石	35.9%
天皇・公家・寺社領		45 万石	1.7%
総石高		約 2, 574 万石	100%

（参考文献）山口啓二・佐々木潤之介著『体系日本歴史４　幕藩体制』（日本評論社、1971 年）

まずこの表によって 17 世紀末に於ける幕藩領主の階層別家数と石高を見ると、全国の総石高（但し、津軽海峡以北の現「北海道島」をはじめ千島列島と現「サハリン島」を除いた地域、その理由は後述）は約 2,574 万石で、その内、幕府の蔵入地（くらいりち）（幕府直轄領、天領とも称す）の石高が約 400 万石で、総石高の 15.6%、「旗本（はたもと）」は、幕府の直属家臣団の内、知行（ちぎょう）高１万石未満で、将軍に謁見出来る御目見（おめみえ）得以上の家格を有する家臣で、将軍に御目見得出来ない幕府の下級直属家臣を「御家人（ごけにん）」と称し、彼等に対する俸禄は、

現物（米）支給であったが、「旗本」の家数は2,482家に達し、その石高は275万石で、総石高の10.7%に達した。

また、全国には大名が沢山おり、俗に「三百諸侯」と言われるが、17世紀末では243家の大名が存在しており、その石高は1,854万石で、総石高の72%を占めていた。このことは、当時、列島の多くの部分は大名領であったことを示している。

この「大名」を家柄別にその内訳を見ると、徳川家康の子を祖とする尾張・紀伊・水戸の「三家」の石高が145万石で、総石高の5.6%を、「三家」以外の将軍家の分家及び「三家」の分家で、「松平氏」を称した「家門（一門とも）」が13家存在し、その石高が186万石で、総石高の7.2%を占めていた。また「関ヶ原の戦い」以前に徳川将軍家に臣従した者の内、大名に成長した「譜代大名」が125家で、その石高が600万石、総石高の23.3%を占め、「関ヶ原の戦い」以降に徳川氏に臣従するに至った「外様大名」が102家存在し、その石高923万石で、総石高の35.9%を占めていた。

従って、幕府の蔵入地と旗本領のみで総石高の26.3%を占めていた訳だから、幕府関係の領地と大名領（藩領）のみで、総石高の98.3%を占めていたことになる。近世の日本社会を「幕藩制社会」、こうした国家を「幕藩制国家」と称している最大の理由は、ここにある。

また、天皇・公家・寺社領の石高は、45万石（内、天皇10万石、公家4万石、寺社31万石）で、総石高の僅かに1.7%に過ぎなかった。これらの数字が雄弁に物語っているように、日本の歴史の中で天皇の権力が最も弱かったのが、近世の「幕藩制社会」であった。幕府が慶長20年＝元和（げんな）元年（1615）7月付けで、時の天皇・朝廷に対して命じた17カ条の法令である「禁中並公家諸法度（きんちゅうならびにくげしょはっと）」の第1条で「天子御芸能の事、第一御学問也」と規定していることは、このことを象徴的に示している。

以上の諸点を踏まえた上で、次に「蝦夷島」の南端に成立した松前藩の性格と幕藩制国家における津軽海峡以北のアイヌ民族の国家的位置づけについて検討したい。

(2)松前氏宛将軍黒印状・朱印状の内容から見た「蝦夷島」の南端に成立した松前藩の性格と津軽海峡以北のアイヌ民族の国家的位置

幕藩制社会において将軍発給(はっきゅう)の各大名宛領知(りょうち)朱印状は、各大名の存立基盤を保証した基本的文書で、将軍の代替わり毎に各大名に発給されたが、その大部分は朱印状である。

では、初代将軍徳川家康が慶長9年(1604)正月、「蝦夷島(えぞがしま)」の南端に居た松前氏宛に発給した領知黒印状(墨で押印したもの)の内容はどのようなものだったのか。この時の松前氏宛徳川家康黒印状の内容を示すと、次のようなものであった。

定(さだめ)

1、 諸国より松前へ出入りの者共、志摩守(しまのかみ)に相断(ことわ)らずして、夷仁(えぞにん)と直商売仕(つかまつり)候儀、曲事(くせごと)たるべき事。

1、 志摩守に断り無くして渡海せしめ、賣買仕候は、急度言上(きっとごんじょう)致すべき事。

付(つけたり)、夷(えぞ)の儀は、何方(いずかた)へ往行(おうこう)候共、夷(えぞ)次第致すべき事。

1、 夷仁(えぞにん)に対し非分(ひぶん)申し掛けるは、堅く停止(ちょうじ)の事。

右条々若違背(もしいはい)の輩(ともがら)に於いては厳科(げんか)に処すべき者也、仍件(よってくだん)の如し。

慶長九年正月廿七日(家康黒印)

松前志摩守とのへ

(北海道博物館所蔵、松前家文書、読み下し文)

これが将軍徳川家康から当時の松前藩初代藩主松前志摩守慶広(よしひろ)へ発給された黒印状の内容である。宛所(あてどころ)(宛先のこと)の頭の位置が家康の黒印よりかなり下に記されているのは、石高制の幕藩制社会にあって、大名は石高1万石以上という規則がある中で、松前氏は無高の大名という特別な扱いをされていたことによる。近現代の公文書では、宛先は差し出し人名の位置より上に書くのを常とするが、幕藩制社会では、差し出し人と宛先の人物との身分の上下関係が文書様式にもそのまま反映されていたのである。

一般に徳川将軍の各大名宛領知朱印状の内容は、宛行の対象となる地域の国名・郡名とその合計石高を記した「領知目録」が記されたが、上記のような松前志摩守、つまり松前藩の初代藩主である松前慶広に宛てた家康黒印状（２代将軍徳川秀忠以降は、朱印状）には、宛行の対象となる国名や郡名とその総石高が一切記されておらず、文書様式が「定（さだめ）」で始まる法令文書様式の黒印状・朱印状であるところに大きな特徴がある。

寛文４年（1664）４月５日付で、時の将軍徳川家綱が全国の諸大名に「領知」を安堵する判物（はんもつ）や朱印状を一斉に発給した。「判物」というのは、石高10万石以上の大名に対して将軍が花押（かおう）を書いて発給した文書のことで、10万石以下の大名の場合は、花押のかわりに朱印を押した「朱印状」になる。それを同じ日付で一斉に発給した。これを「寛文印知（かんぶんいんち）」と言うが、この時には、「定（さだめ）」形式の朱印状は、松前氏（第４代藩主・松前高広）へ宛てたもののみで、しかも、この朱印状は「寛文印知集」の最後に収録されているのである（国立史料館編『寛文朱印留（かんぶんしゅいんどめ）』東京大学出版会、1980年）。

上記の『寛文朱印留』によって、盛岡藩主・南部重直宛領知判物・目録の内容を示すと、次の通りである。

> 陸奥国北郡・三戸・二戸・九戸・鹿角（かづの）・閉伊（へい）・岩手・志和・稗貫（ひえぬき）・和賀（わが）所々拾万石、目録別紙に存事（あること）、寛永十一年八月四日先判（せんぱん）の旨（むね）に任（まか）せ、これを宛行訖（あてがいおわんぬ）、全（すべて）領知せしむべき者也、仍件如し（よってくだんのごとし）。
>
> 寛文四年四月五日　　御判
>
> 南部山城守とのへ

目録
陸奥国
北郡　五拾箇村　（村名省略）高四千七百八拾四石壱斗四升七合
三戸　六拾七箇村（村名省略）高壱万六千四百参拾九石七斗五升四合
二戸　四拾八箇村（村名省略）高六千弐百拾三石三斗九升八合
九戸　四拾壱箇村（村名省略）高六千弐百弐拾五石六斗三升三合
鹿角　三拾三箇村（村名省略）高六千六百拾七石八斗八升九合
閉伊　九拾壱箇村（村名省略）高壱万九百四拾壱石四斗七升五合
岩手　五拾四箇村（村名省略）高壱万四百弐拾九石八斗七合
志和　五拾壱箇村（村名省略）高壱万三千八百六拾八石五升九合
稗貫　五拾弐箇村（村名省略）高壱万弐千八百六拾七石七斗八升八合
和賀　四拾弐箇村（村名省略）高壱万千六百拾弐石五升
都合拾万石
右今度差し上げらる郡村の帳面相改、上聞に及ぶ所成し下さる御判也、此儀両人奉行仰せ付らるに依り、執達件(しったつくだん)の如(ごと)し。
寛文四年四月五日
永井　伊賀守
小笠原山城守
南部山城守殿

まず、盛岡藩主・南部重直宛将軍徳川家綱の領知判物の内容を見ると、宛行の対象となる地域名が陸奥国の北郡（下北半島の地域）から南に向かって三戸・九戸・鹿角（現秋田県鹿角市地域）・閉伊・岩手（城下町盛岡が所在する郡）・志和・稗貫・和賀の10郡に計10万石の領知（その目録は別紙の通り）を寛永11年（1634）8月4日、時の将軍徳川家光が南部氏に宛行った領知判物の内容通り宛行うというもので、次いで、その領知目録を記している。その記載内容は、各郡毎の村名と郡毎の石高を記し、最後にその合計石高を「都合10万石」と記している。

南部氏宛領知判物の内容がこのようなものになっているのは、幕藩制社会の基本的な経済的基盤が農業、とりわけ稲作農業にあったことによる。南部氏のみならず津軽海峡以南の諸大名宛に歴代将軍が発給した領知判物・朱印状の内容は、総てこのような内容であった。ところが、先に見たように松前氏宛徳川家康黒印状の内容は、こうした内容とは全く異なるものであった。その内容を結論的に云うと、次のようなものであった。

第１条は、松前氏のアイヌ交易独占権を謳ったもの。

第２条は、松前氏の城下町兼港町である「松前」に入港する船舶に対する課税権を謳ったもの。

第２条の「付（つけたり）」文言は、アイヌ（実質的には津軽海峡以北のアイヌ）は何処に行っても自由であることを謳ったもの。

第３条は、アイヌに対する道理に合わない行為の禁止を謳ったもの。

この内、第２条の「付（つけたり）」文言は、時の幕藩制国家が津軽海峡以北のアイヌ民族を「幕藩制国家の外の人々」と位置付けていたことを示している。このことは、近世における幕藩制国家と津軽海峡以北のアイヌ民族の歴史的位置を考える場合、非常に重要な問題を含んでいるので、このことに触れる前にいくつかの重要な問題について触れておきたい。

（３）「蝦夷島（えぞがしま）」の地域区分体制とその意味

「図１」参照のこと。

松前藩は、寛永年間（1624 ～ 1643）、「蝦夷島」の渡島半島の南端に所在する城下町「松前」を中心に、西は「江差（えさし）村（湊）」の北部にある「熊石（くまいし）村」から、東は「箱館（はこだて）村（湊）」の東部にある「亀田（かめだ）村」（現函館市域の内）に至る地域を和人専用の地域としての「和人地（松前地とも）」と称し、この地域以北の「蝦夷島」の地域を化外の民である「蝦夷（えぞ）」としてのアイヌが居住する「蝦夷地（えぞち）」と称して、２つの地域に区分し、「熊石村」と「亀田村」の両地に番所（事実上の関所）を設置して、人物の往来を厳しく取り締まった。

但し、寛永10年（1633）、幕府が初めて全国の大名領に諸国巡見使（しょこくじゅんけんし）を派遣した際、彼等幕府の巡見使は、東は「汐泊」まで見分しているので、「和人

図１　和人地（松前地）の範囲

地（松前地）」の東端は、寛永10年（1633）までには、既に「汐泊」（現函館市域の内）まで拡大していたことが分かる。また、城下町「松前」の東隣にある「及部（およべ）村」から「汐泊」の東側に所在する「汐首村」に至る地域を「東在」、西隣の「根部田（ねぶた）村」から「熊石村」に至る地域を「西在」と称し、松前藩の「領民」の「宗門人別改帳」（近代の「戸籍簿」に相当する）を城下町「松前」と同地域を中心にした「和人地（松前地）」内の各「村」に置き、領民の宗門改めは、享保２年（1717）の『松前蝦夷記』（松前町史編集室編『松前町史・史料編　第一巻』松前町、1975年）に「当地百姓の儀は、春より方々漁場江罷（まかり）越し、秋に至り集申し候、これにより年々九月、町在々別而（わけて）入念宗門改め申し候」とあるように、毎年漁期が終了した９月に行った。

従って、たとえ「蝦夷地」内の漁場に出稼ぎに行っていたとしても、「蝦夷地」内の各漁場に「宗門人別改帳」を置く事は禁止されていた。

その後、寛政11年（1799）、幕府が「東蝦夷地」を仮上知すると、翌寛政12年（1800）、幕府は、渡島半島の噴火湾沿岸部の「箱館六ケ場所」（小安・戸井・尻岸内・尾札部・茅部・野田生の6場所）を「村並」（「和人地（松前地）」内の「村」に準じた扱いをすること）とし、「ヤムクシナイ（山越）」に「番所」を設置して、人物の往来を厳しく取り締まったので、「和人地（松前地）」は、事実上渡島半島の「熊石村」から「ヤムクシナイ（山越）」に至る地域となった。その後幕末の元治元年（1864）6月、箱館奉行が「ヤムクシナイ」と「オシャマンベ」を「村並」とし、それぞれ「山越内村」・「長万部村」と唱える旨を触れていることや、慶応元年（1865）2月、「西蝦夷地」の「ヲタルナイ場所」を「村並」とし、「保足内村」（後の「小樽内」・「小樽」）と称したこと等により、こうした地域区分体制は動揺し出すが、地域区分体制そのものは、幕末まで存続した。即ち慶応3年（1867）10月14日、15代将軍徳川慶喜が大政奉還を朝廷に申し出、次いで12月9日、薩摩・長州両藩を中心とする倒幕派が朝廷内の岩倉具視らと結んで王政復興の大号令を発して新政府の樹立を宣言し、明治元年（1868）1月以降の戊辰戦争を経て、翌明治2年（1869）5月、同戦争の最後の戦いである五稜郭戦争が終結すると、新政府は同年7月8日、開拓使を設置し、次いで8月15日、「蝦夷島」の名称を「北海道」と改称して11国86郡を画定するという経緯を経て、完全に廃止されるに至ったのである。

以上の史実は、「蝦夷島」の南端に成立した松前藩の領地は、「和人地（松前地）」までであったことを示している。

（4）松前氏宛将軍朱印状の「付」の文言の変化とその歴史的意味

ところで、先に松前氏宛徳川家康の領知黒印状の形式・内容とその意味を検討したが、その後、第2代将軍徳川秀忠、第3代将軍徳川家光、第4代将軍徳川家綱、第5代将軍徳川綱吉、第8代将軍徳川吉宗、第9代将軍徳川家重、第10代将軍徳川家治、第13代将軍徳川家定の各松前氏宛朱印状の内容が判明するので、これらを示すと次の通りである。

㋐元和３年（1617）12月16日付、松前公広宛徳川秀忠朱印状
㋑寛永11年（1634）５月２日付、松前公広宛徳川家光朱印状
㋒寛文４年（1664）４月５日付、松前高広宛徳川家綱朱印状
㋓天和２年（1682）３月朔日付、松前矩広宛徳川綱吉朱印状
㋔享保４年（1719）正月15日付、松前矩広宛徳川吉宗朱印状
㋕延享４年（1747）正月28日付、松前資広宛徳川家重朱印状
㋖宝暦12年（1762）正月18日付、松前資広宛徳川家治朱印状
㋗安政４年（1857）２月28日付、松前崇広宛徳川家定朱印状

（注）㋐〜㋖は、松前広長編『福山秘府』（北海道庁編『新撰北海道史：第五巻史料１（復刻版）』（清文堂、1991年）。㋗は、北海道松前町教育委員会所蔵の松前家文書。

上記の内、㋐の松前公広宛徳川秀忠朱印状の「付」の文言が先の松前慶広宛徳川家康黒印状の「付」の文言と同じであり、㋑の松前公広宛徳川家光朱印状のそれは、「付、夷の儀は、何方江往行候共、夷次第たるべき事」で、㋒の松前高広宛徳川家綱朱印状のそれは、「付、蝦夷人の儀は、何處に往来すと雖も、其心次第たるべき事」とあって、「付」文言の語彙自体には若干の相違が見られるものの、その意味は、いずれも徳川家康黒印状の「付」文言と同じであった。

ところが、㋓の松前矩広宛徳川綱吉朱印状の「付」文言から、その内容が大きく変化しているのである。すなわち、徳川綱吉朱印状の「付」文言は、「付、蝦夷人其所にて往来の儀は、心次第たるべき事」というものであった。以後㋔〜㋗の「付」文言もほぼ同じ意味の文言なのである。これは、極めて大きな変化といわなければならない。にも拘わらず、これまで、この「付」文言の変化の歴史的背景と「付」文言が、「其所にて往来の儀」の「其所」の意味について検討した研究者は、小生を含めて、これまで誰もいなかったのである。しかし、この問題は極めて重大な問題なので、ここで、改めて検討したいと思う。

「付」文言の内容が変化したのは、㋓の天和２年（1682）３月朔日付の松前矩広宛徳川綱吉朱印状からである。であってみれば、寛文４年（1664）４月

５日以降、天和２年（1682）２月末に至る時期に幕府のアイヌ民族政策に大きな変化をもたらす程の「アイヌ民族に関わる大きな出来事」があったものと考えなければならない。では、それだけ大きな出来事とは何か。

これは恐らく寛文９年（1669）６月に勃発した「シャクシャインの戦い」と見て間違い無い。この「戦い」は、近世におけるアイヌ民族の反松前藩・反和人の最大の戦いであり、幕府を震撼させた大事件だったからである。

この戦いの基本的原因は、松前藩とアイヌとの交易基準が第２代藩主松前公広の治世までは、干鮭５束（100本）と米２斗入れ俵１俵（本来、米１俵は４斗入俵なのだが、この時期に既にその半分の米しか入っていない小さな俵になっていた）であったものが、俵の中身がさらに減少し、８升入俵というごく小さな俵に変化したことにあった。つまり、アイヌと和人との交易基準が干鮭100本と米が僅かに８升しか入っていない極小さな俵１俵に激減するに至ったのである。

そのため、「東蝦夷地」のシベチャリ（現新ひだか町静内）のアイヌ民族の首長シャクシャインが「東西蝦夷地」のアイヌ民族に反松前藩・反和人の戦いに立ちあがるよう檄を飛ばした。その結果、彼の檄に応えて「東蝦夷地」の「シラヌカ（現白糠町）」から「西蝦夷地」の「マシケ（現増毛町）」に至る広範囲な地域のアイヌ民族が蜂起し、その数は、当時のアイヌ人口約２万人の内、2,000余人に達したと見られている。

このアイヌ民族のかつて無い大規模な蜂起は、松前藩のみならず幕府にも大きな衝撃を与えた。そのため、松前藩兵と江戸の旗本松前泰広が率いる鎮圧隊がシベチャリに向かい、シャクシャインに偽りの「和睦」を呼びかけ、彼を西隣のピポク（現新冠町）におびきよせ、偽りの「和睦」の儀式の場で謀殺した。

その後、翌寛文10年（1670）、「西蝦夷地」のシマコマキ（現島牧）からオタルナイ（現小樽）近辺に至る地域のアイヌから「ツクナイ」として多くの物品を取り上げ、寛文11年（1671）には、「東蝦夷地」の「シベチャリ」より「奥七ケ村（地名は不詳）」の仕置きを行った。なお、このシャクシャインの戦いの詳細につては拙著『アイヌ民族の歴史』（草風館、2007年）を参照して頂ければ幸いである。

その後、寛文12年（1672）２月、幕府から「松前御目付」を命じられた旗本松前泰広が上下100人を率いて松前に向かい、同年４月、アイヌ民族に対し、新たに「１、殿様より如何様（いかよう）成る儀仰せ懸けられ候共、私儀は勿論、孫子・一門並うたれ男女に限らず逆心仕まじき事」なる文言で始まる７カ条からなる起請文（きしょうもん）を押しつけ、「午王（ごおう）宝印」等と記した厄除けの護符を焼いて呑ませ、松前藩への絶対服従を誓わせたのである。

この７カ条の起請文の内容の内、先の松前氏宛将軍朱印状に見える「付（つけたり）」文言が「蝦夷人、其所にて往来の儀」と変化した「其所」の意味を考える上で注目しておきたいのが、５カ条目に「殿様より向後（こうご）仰せ出され候通り、商船へ我が侭申し懸けず、互いに首尾好商い仕るべく候、余所（よそ）の国と荷物買い取り申す間敷候、我国にて調（ととのい）申す荷物も脇の国へ持参致す間敷候」とあることである（「渋舎利蝦夷蜂起に付出陣書」北海道大学附属図書館所蔵）。

「余所の国」は、松前藩以外の諸藩、「我国」は松前藩、「脇の国」は、松前藩に隣接した諸藩のことである。当時の松前藩と「蝦夷地」のアイヌ民族との交易形態が従来の「城下交易」から「蝦夷地」内に設定した藩主と藩主が上級家臣に俸禄（知行）として宛がった「蝦夷地」内の交易の場である「商場」での交易へと変質するに至った時である。したがって、この起請文は、こうした交易形態をより固定化したことを意味した。このことは、盛岡藩の「家老席日記（雑書）」の正保元年（1644）の次の記事によって知ることが出来る。

㋐「内浦（うちうら）より狄（てき）船五艘、鯡・干鮭迄持来ル由、今十九日之状ニ田名部御代官言上」（同年５月23日条）。

㋑「田名部浦へ目無（めなし）より狄四人渡海シテ活鶴一上（たてまつ）ル由、御代官七戸次郎右衛門今日飛札（ひさつ）ニ而言上、此狄来年モ参度ト申旨披露」（同年７月21日条）。

㋒「田名部へ妻無（めなし）之狄持参進上之活鶴、今日申之下刻ニ盛岡へ持届ル、鶴岡又五郎ニ渡ス、此時猟虎（らっこ）皮二枚買申由、七戸二郎右衛門言上」（同年８月１日条）。

㋐〜㋒の記事中の「田名部」は、下北半島の「田名部」のことで、当時盛岡藩の代官の所在地であった。また「内浦」は、この地のアイヌが持参した交易品が鯡と干鮭であることから内浦湾（噴火湾）の「内浦」と見られること。また、「目無」は、アイヌ語の「メナシ」（東の意）で、アイヌ語通辞として有名な上原熊次郎が記した『松前并東西蝦夷地場所所々地名新増和解（あらましわげ）・休泊・里数・山道・行程等大概書』（東京国立博物館所蔵）の「シビチャリ」の項に「当所よりポロイズミ辺までの蝦夷をまとめてメナシウンクルといふ、則東のものといふ事・・ビロウより子モロ領辺迠の蝦夷をシメナシユンクルといふ、則奥東のものといふ事」とあることや、彼等が持参した交易品が「活鶴」や「猟虎皮」で、この内、「活鶴」は釧路湿原地域のタンチョウ鶴と思われ、また、当時、千島列島の「ウルップ島」を「ラッコ島」と称していたこと等から彼等は、現根室・釧路地域を中心にした道東地域に居住していたアイヌの人々と推察される。

さらにここで注目しておきたいことは、「盛岡藩家老席日記（雑書）」で「蝦夷地」のアイヌが交易品を持参して盛岡藩領に渡来したという記事は、これらの記事を最後に一切見られなくなることである。

以上のような諸動向を踏まえると、先に見た松前氏宛将軍朱印状中の「付（つけたり）」文言に見える「蝦夷人、其所にて往来の儀」の「其所」は、「和人地（松前地）」以北の「蝦夷地」か、松前藩がアイヌ民族との交易の場として設定した「蝦夷地」内の「商場（あきないば）」のことか、その何れかと推察されるが、旗本松前泰広がアイヌ民族に強要した７カ条の起請文の内容からすれば、当時アイヌ民族が居住していた具体的地域を指した可能性が強い。こうした側面を考慮すると、実在の地域は、「商場（あきないば）」と見て間違いない。

(５)「郷帳」から見た江戸時代の「蝦夷島」（現「北海道島」）の姿

「郷帳」とは、「郷村高帳」の意で、幕府の勘定所が「国絵図」と共に編集した国毎の郷村高帳（村毎の貢納石高を列記し、郡・国毎にそれぞれ村数・石高の合計を記した帳簿）で、全国の収納石高を明確に把握するための財政上の基礎台帳のことである。従って、「領知」関係の記載は無い。「正保郷帳」・「元禄郷帳」・「天保郷帳」の３種がある。この内、「元禄郷帳」である元禄「松前島郷帳」が国書刊行会編『続々群書類従・第九』（国書刊行会、明治 39 年）に収録されているので、同書によって元禄 13 年（1700）の「松前島郷帳」の記述内容を見ると次の通りである。

まず、「松前より西在郷并（ならびに）蝦夷地之覚」として、「ねふた村」から「くま石村」の次の「ほろむい村（熊石村の北側の地名）」までの 44 カ村の「村名」を記し、「小島」・「大島」・「おこしり島（奥尻島）」を記した上で、「是より蝦夷地」として「うすべち（大成町の内）」から「ばっかい（稚内市の内）」に至る 41 地名、「是よりそうやの内」として「つきさん」・「のっしゃむ」・「そうや」の 3 地名、「離島之分」として「へうれ（天売島）」・「りいしり（利尻島）」・「れぶんしり（礼文島）」・「いしよこたん」の 4 地名を記している。次いで、「松前より東在郷并蝦夷地之覚」として、「およべ村」から「汐くひ村」に至る 37 ヶ村の「村名」を記し、「是より蝦夷地」として「はらき（旧戸井町の内）」から「つうへち」に至る 61 地名を、次いで「くるみせ島の方（千島列島の方）」として「いるる」から「こくめつら」に至る 34 地名を、次いで「いしかり（石狩）よりいふつ（勇払）までの蝦夷居所」として「ぬまかしら」から「夕べち」に至る 13 地名を、最後に「からと島（唐太島）」として「うっしやむ」から「あゆる」に至る 21 地名を記した上で、「人居村数」81 ヶ所、「蝦夷人居所」140 ヶ所、「惣島数」48 ヶ所、「田地御座無く候」と記している。この「元禄郷帳」の名称が「松前島郷帳」となっているのは、当時の松前藩主「松前志摩守（第 5 代藩主・松前矩広（のりひろ））」が幕府に提出した内容を記したものであるだけに、当時の松前藩主は、津軽海峡以北の島々を一括して「松前島」と認識していたことを示している点で興味深い。

また、松前藩の「領知」としての「東西両在郷」の各「村」に石高が記されていないのは、先に見たように、松前氏の経済的基盤が稲作農業にではなく、津軽海峡以北のアイヌ民族との交易の独占権と「松前地」の湊に出入りする船舶に対する課税権で、松前氏は石高の無い「無高の大名」であったことによる。そのため、「田地御座無く候」と記しているのである。それでも、「東在郷」・「西在郷」の「村」名が記され、「蝦夷地」には「蝦夷人居所」として「地名」しか記していないところに注目しておきたい。

以上の諸事実は、以下のことを示している。

(a)　松前藩の「領民」である「和人」の居住地としての「東西在郷」が所在する「松前地」と「蝦夷」としてのアイヌが居住する「蝦夷地」とはその性格が根本的に異なっていたこと。

(b)　松前藩の「領民」は、和人のみであり、アイヌ民族は「領民」ではなかったこと。

(c)　松前藩の「領地」は、渡島半島南端部に設定された「松前地」のみであったこと。

従って、厳密には、この「蝦夷島」の内、この「松前地」までが日本国の「領土」であったこと。

これらの問題との関わりで、大変興味深い地図があるので、次に紹介しておこう（図2）。

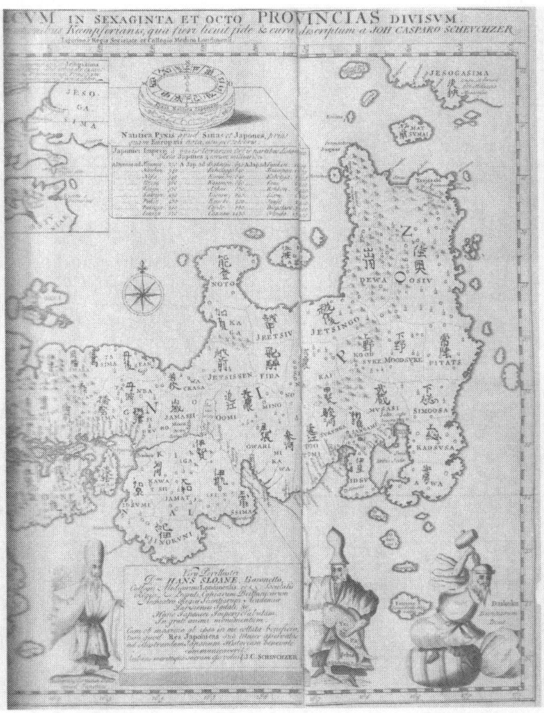

ケンペル著『日本史』の英訳版"The History of Japan"（1727）記載の「日本地図」の中の「松前MATSVMAI」・「JESOGASIMA」部分図。
（注）現「北海道島」が「松前」と「JESOGASIMA」の2島に分かれている。

図2 ケンペルの日本地図 "JAPAN—A CARTOGRAPHIC VISION—"
Edited Lutz Walter Prestel-Verlag,Munich -New York,1994.

ドイツ人の外科医・博物学者であるエンゲルベルト・ケンペルが、1690年（元禄3）に長崎出島のオランダ商館に医師として赴任し、翌年まで滞在した。帰国後に『日本誌』を著し、最初ドイツ語で出版され、その後オランダ語に翻訳され、1727年（享保12）にその英訳版である“The History of Japan”が出版されたが、その中に記載された日本地図である。この地図の一番上に現「北海道」のことが描かれているが、その描写の仕方が極めて興味深い。現「北海道」が「松前 MATSVMAI」と「夷狄？ JESOGASIMA」という2島に分けて描いているからである。つまり「MATSVMAI」なる島は「松前地」を、「夷狄？ JESOGASIMA」は「蝦夷地」を描いたもので、こうした認識は日本から得た情報に依拠していることはいうまでもない。ということは、当時の日本人は、現北海道を「松前」と「蝦夷島」という2島から構成されていたと認識していたことを反映したもの、と理解することができよう。松前藩による「蝦夷島」の地域区分体制に関する情報が、ケンペルには「松前」という島と「蝦夷島」という島の2島で構成されている島として理解されていたということになり、大変興味深い問題を我々に投げかけている。それだけに、このケンペルの地図は、非常に貴重な地図なので、ここで紹介しておく。

2．江戸時代のアイヌ社会

（1）江戸時代前期―商場知行制時代のアイヌ社会

「商場（あきないば）」とは、先に見たように、松前藩が「蝦夷地」内に設定した藩主及び上級家臣のアイヌ民族との交易の場のことである。尤も、「商場」が名実共にアイヌ民族との主たる交易の場として機能したのは、松前藩の2代藩主・松前公広（きんひろ）治世の元和（げんな）・寛永期（1615～1643年）から正徳（しょうとく）年間（1711～1715年）頃迄で、この時期以降は、「商場」での「交易」を主にしたものから、和人商人が「商場」内のアイヌを労働力として使用し、「商場」内で直接漁業生産を行う「場所請負制（ばしょうけおいせい）」へと急速に変容していった。この場所請負制が成立する直前のアイヌ社会の様子を記したものに、宝永7年（1710）の松宮観山（まつみやかんざん）著『蝦夷談筆記（えぞだんひっき）』（『日本庶民生活史料集成　第四巻』三一書房、

1969年）があるので、同書によって当時のアイヌ社会の様子を見ておこう。関係部分を引用すると次の通りである。

　「いにしへより総大将と申は、これ無く、村々に名主の如く頭立(かしらだち)候者これ有り、支配仕(つかまつり)候。尤筋目も正し候得共、大方は剛強(ごうきょう)成もの自然と頭に罷成(まかりなり)。近年トビタケと申者に志摩守殿より国の支配申付(もうしつけ)、家来貳百人程召仕ひ、支配の蝦夷に申付(もうしつけ)、相背(そむき)候得ば、早速志摩守殿へ注進仕(つかまつり)候。」

この記述内容から、当時のアイヌ社会の基本単位は、「村（kotan）」で、「村長(むらおさ)（kotan-kor-kur）がその統治者（共同体首長））であったこと。また後半の文章から、複数の「kotan」（河川共同体）の長が存在していたことを知ることが出来る。

また文中の「トビタケ」なる人物は、享保2年（1717）の『松前蝦夷記』（松前町史編集室編『松前町史・史料編　第一巻』松前町、1971年）に「蝦夷地の内重立(おもだち)たる者」として「東蝦夷地の方、しこつと云う所の者（しこつと申し候へ共、おしょこつと申所のよし）飛たけと申者頭人ニ候得共、十ヶ年以前に死、其子雲(うん)とりはと申者、若年にこれ有り候ゆへ同所に罷在ちかべと申者頭人のよし」とある文中の「飛たけ」のことであろう。であってみれば、これらの記録から、当時現石狩川流域から苫小牧に至る地域には、複数のkotan（河川共同体）の長が存在するようになっていたことを知ることが出来る。

また、この『蝦夷談筆記』には、「蝦夷地年貢収納嘗(かつ)てこれ無く候、切支丹改仕ず候」とあることは、アイヌ民族は課税対象外で、宗門改めも無く、従って、和人の如き「宗門人別改帳」も無かったことが分かる。このことは、とりもなおさず、津軽海峡以北のアイヌ民族は、幕藩制国家の構成員以外の人々と位置付けられていたことを示している。

（2）江戸時代末期、特に「箱館開港」を契機とした幕府による「蝦夷地」再直轄期のアイヌ社会

①「日米和親条約」以降の幕府の「松前・蝦夷地」政策

安政元年（1854）３月３日、幕府は、アメリカの東インド艦隊司令長官ペリーと日米和親条約を締結し、翌年３月、松前藩領の箱館港を開港することになったことはよく知られている。その後、日米間で箱館港の５～６里四方の地域を遊歩地域としたため、幕府は、同年６月26日、松前藩から箱館港及び同港より５～６里四方の地域を上知（あげち）すると共に、６月30日には箱館奉行を再置するに至った。

しかも、同年12月、ロシアとも日露和親条約（日露通好条約）を締結し、箱館開港に加え、千島列島（クリル諸島）の内、ウルップ島以北をロシア領、エトロフ島以南を日本領とするに至った。幕府は、「松前地」のみを日本の「領土」とし、「蝦夷地」をアイヌ民族の居住地としてきた従来の地域認識を一瞬にして放棄すると同時に、他方で地域区分体制そのものは、原則として維持するという自己矛盾に満ちた政策を実施した訳である。これは、まさに対外関係を最優先した政策であった。

ともあれ、安政２年（1855）６月、幕府が「箱館奉行」なる役職を「再置」したということは、同年以前にも「箱館奉行」なる役職が存在していたことを意味するので、この件についてごく要約的に触れておきたい。

18世紀末になると、ロシアがカムチャツカ半島を経由して千島列島に進出するようになり、寛政４年（1792）11月、ロシアの遣日使節ラックスマン一行が伊勢の漂流民大黒屋光太夫らを護送して「東蝦夷地」のネモロ（根室）に来航し、日本に通商を求めるに至ったことは良く知られている。翌年、幕府の目付石川忠房らが松前藩の城下町松前でラックスマン一行と会見し、漂流民護送を謝し、通商には応じられない旨伝えると共に、長崎への入港許可書を与えて廻航させた。

その後、文化元年（1804）９月、ロシアの遣日使節レザノフが長崎に来航し、幕府に日本との通商を求めたが、幕府は返答を遅らせ、翌年３月、レザノフの通商要求を正式に拒否するに至ったため、レザノフはやむなく帰国したが、その際、レザノフは、部下の露米商会員フヴォストフとダビドフに報

復措置を命じた。そのため、翌文化3年（1806）9月、フヴォストフ等が唐太島に上陸してアニワ湾内のクシュンコタンの運上屋を襲い、番人等を捕らえて連行すると共に、運上屋他の施設を焼き払って退去し、翌年にはエトロフ島を襲うに至った。

こうしたロシアの動向を大きな契機として、この間幕府は、寛政11年（1799）1月、「東蝦夷地」を仮上知（かりあげち）して、享和2年（1802）2月、「蝦夷地奉行」を新設し、同年5月、「蝦夷地奉行」を「箱館奉行」と改称した上で、7月、「東蝦夷地」を永久上知するに至った。その後、文化4年（1807）3月、「西蝦夷地」をも上知し、松前氏を陸奥国伊達郡梁川（現福島県伊達市梁川）に移封するに至って、「松前地」と「東西蝦夷地」全域が幕府の直轄地となった。そのため、同年10月、「箱館奉行所」を旧松前藩の「福山館」（当時の松前氏は城持大名では無いので、「福山城」と称するのは誤り）に移転すると共に、奉行名を「松前奉行」と改称するに至った。また、文化6年（1809）6月、幕府は、「唐太島」を「北蝦夷地」と改称した。その後、文政4年（1821）12月、松前氏が「蝦夷島」の「松前地」に復領したことにより、「松前・蝦夷地」は元の姿に戻ったのである。

このように、対外関係が緊張した時、国家権力はその強権を発動することは、世界の歴史が証明しているが、幕府による「松前・蝦夷地」の直轄という現象は、日本の北方地域におけるロシアとの緊張関係の発生によるものであり、松前氏の「松前地」への復領という現象もまた、その逆の現象としてのヨーロッパにおけるナポレオン戦争等との関わりもあって、日本の北方地域に於けるロシアの動向が一時鈍くなって来た事とも関わっていたのである。

こうして、幕藩制国家と津軽海峡以北のアイヌ民族との関係のあり方は、再び「蝦夷島」内の松前藩を媒介とした以前の姿へと戻ったが、それから30余年後の安政元年（1854）3月の「日米和親条約」によって、翌年3月、松前藩領の「箱館港」を開港することとなったため、同年6月には、松前藩領の内、箱館港を中心とする5～6里四方の地が幕府の直轄地となっただけでなく、6月30日には、幕府が箱館奉行を再置するに至ったのである。しかも同年12月、ロシアの遣日使節プチャーチンと「日露和親条約（日露通好条約）」を締結し、千島列島（クリル諸島）の内、ウルップ島以北をロシア領、エトロフ島以南を日本領とすると共に、「カラフト島（北蝦夷地）」については、国境を定めず、「仕来りの通り」とした。なお、この時期のロシアは、アムール川最下流域まで進出しており、同川河口部に所在する現ニコライエフスク・ナ・アムーレに軍事的拠点としての「ニコライエフスク哨所」を設置するまでになっていたのである。それだけに、津軽海峡以北の地域、とりわけ「北蝦夷地（カラフト島）」を巡るロシアとの関係は、以前にもまして緊張した関係となるに至った。

こうした状況の展開を大きな背景として、幕府は、安政2年（1855）2月、松前藩に「松前地」の内、東在の木古内村以東、西在の乙部村以北の「松前地」と「蝦夷地全域」を上知して箱館奉行の管轄下に置くと同時に、弘前藩・盛岡藩・秋田藩・仙台藩の奥羽4藩に対し「松前・蝦夷地」の警備を命じた。その後、同年12月、幕府は松前氏に対し、「蝦夷地」上知の替え地として、陸奥国伊達郡梁川（現福島県伊達市梁川）と出羽国村山郡東根（現山形県東根市）に計3万石の領知を与えると共に、毎年1万8,000両を支給するに至った。

こうした激動する「松前・蝦夷地」の諸動向の中で、先に見たように、安政4年（1857）2月28日、時の将軍徳川家定が松前藩主・松前崇広宛に領知朱印状を発給した。その内容を示すと以下の通りである。

定

1、諸国より松前江出入之者共、蝦夷人と直商賣之儀堅停止の事。

1、子細無く而蝦夷江渡海せしめ賣買仕候は、曲事たるべき事、若これ有るに於いては、箱館奉行申し談、急度注進すべき事。
附、蝦夷人、其所ニ而往来之儀は、心次第たるべき事。

1、蝦夷人に對し非分之儀申し懸けるに於ては、越度たるべき事。

右条々堅く相守べき者也。

安政四年二月廿八日　　家定朱印

松前伊豆守とのへ

従来の松前氏宛将軍の黒印状・朱印状にあっては、第１条・第２条共に、松前氏に無断でアイヌ民族と交易することや、松前氏に無断で商売することを禁じる旨記されていたが、上記の松前氏宛将軍朱印状にあっては、第１条・第２条の文言には､共に松前氏の名が無く､第２条で､無断で「蝦夷」(蝦夷地)に渡海して商売することを禁止し､断るべき相手が従来の「松前氏」から「箱館奉行」に変化している。

こうした第１条、第２条の文言の変化は、先にみたように、安政２年(1855)、幕府が「蝦夷島」内の縮小された「松前地」以外の「松前地」と「蝦夷地全域」を直轄するに至り、その結果、「蝦夷島」に渡来する商船のチェックが、従来の松前藩による「松前三湊（さんみなと）」（松前・江差・箱館）でのチェック体制から、「箱館港」でのチェックが幕府の「箱館奉行」､「松前・江差」２港でのチェックを松前藩が行うというものへと、大きな変化を見るに至ったということによるものであった。

その後、安政６年（1859)、幕府は、それ迄の「蝦夷地」警備体制を改め、先の奥羽４藩の他庄内・会津の２藩を加えた計６藩（弘前・盛岡・秋田・庄内・仙台・会津の６藩）に新たに「松前・蝦夷地」の警備を命じると共に、「蝦夷地」内に「領知」を分与するに至った。これらの「領知」は、いわば６藩の「飛地」のようなものであった。

こうした幕府の新たな政策によって、「蝦夷地」＝「アイヌ民族の居住地」という本来の性格が大きく変容することとなった。

以上のような幕府の諸政策に目を向けると、安政元年（1854）の「日米和親条約」と「日露和親条約」を大きな契機にして、それ以降の幕府の「松前・蝦夷地」政策の中に、その後の近代日本が「北海道」を主舞台に展開した諸政策の萌芽的要素を読み取ることが出来ると思う。

②幕末期のアイヌ民族の生産活動

では、この時期におけるアイヌ民族の生産活動は、どのようなものであったのだろうか。先に見たように、18世紀初頭以降、「蝦夷地」内の「商場」でのアイヌ民族との交易は、和人商人が「商場」の権利者である藩主と上級家臣（幕府直轄期は、幕府）に一定の運上金を上納して、商場内での漁業生産を行う形態へと変質し、それに伴い、「商場」内のアイヌ民族は、和人商人が経営する漁場の下層労働者へと急速に変質していった。そのため、それまでの「商場」の性格が、「交易の場」から「魚業生産の場」へと急速に変容するに至ったのである。こうした変容した旧「商場」での生産形態を「場所請負制」と称するが、こうした場所請負制は、幕末期には、「蝦夷地」における有力和人商人（場所請負人）による魚業生産の主要な形態になった。なお、場所請負人の魚業経営の拠点は、各場所内の運上屋（幕府直轄期は、「会所」と称す）で、場所請負制の発展に伴い、場所請負人側が場所内の有力なアイヌを「総乙名」・「脇乙名」・「並乙名」・「総小使」・「脇小使」・「並小使」等の役職に任命して、「場所」内のアイヌ民族を階層的に編成していった。

そこで、次に、各場所内に於けるアイヌ民族の居住形態と1年間の漁業を初めとする諸生産活動の様子を見ておこう。これらのことを詳細に記した手頃な記録は少ないのであるが、幸い幕府が「蝦夷地」全域を直轄するに至った安政2年（1855）4月、「東蝦夷地」の各場所請負人が箱館奉行配下の役人に当該場所の概要を報告した内容を記した「東蝦夷地場所受取申口」（函館市中央図書館所蔵）なる記録があるので、同記録によって、「トカチ場所」の様子の一端を記すと次のとおりである。なお、場所請負人は箱館の商人・福島屋嘉七である。

「字トカチ」（少し上流も含む現十勝太｛榎森｝）、「此処ニ大川有、深凡壱尋半位、中渡場凡弐百五十間程、人馬共舩渡、但水源凡四十里程、尤秋十月頃シュシヤモ（シシャモ｛榎森｝）与申小魚川入の節、会所元居合の番人・蝦夷人差遣し、小引網ニ而漁業いたし、春三月頃迠同所ニ居、蝦夷人賄料十分貯置申候」とあり、次いで「此川傳」に「蝦夷家」19軒、人別104人、「ヲホツナイ」（現十勝川河口大津一帯｛榎森｝）に「蝦夷家」120軒、人別807人、「字アイホシマ」（現アイボシマ川一帯｛榎森｝）、「此所ニ大川有」、「此川傳六里程奥ニ」、「蝦夷家」17軒、人別31人、「字ヒロウ」（現広尾町広尾｛榎森｝）、「トカチ会所壱ケ所」、「トカチ会所近辺」に「蝦夷家」40軒、人別230人、と記しているので、「トカチ場所」内のアイヌの家数は、合計196軒、総人口1,172人となる。

また、同場所に於ける年間の生産活動の動向を次のように記している。

「トカチ御場所稼方魚業之儀は、三月上旬ゟ鱈釣漁初め、入梅時節迠ニ終、三月中旬ゟ布海苔摘初め、四月中旬迠ニ取支舞相成申候。四月末ゟ鰯漁夫々手配仕置候得共、去年相付申さず、薄漁而已相続申候、六月土用入より濱中一圓昆布竿卸し、取揚仕、八月中旬迠ニ濱仕舞、夫ゟ秋風烈敷相成」、「十月中迠も拾ひ昆布与相唱、沖ゟ寄上り候昆布を拾ひ上け申候、八月彼岸五日程以前より秋味・鮭漁業建網いたし、九月中迠ニ魚業仕舞ニ相成候、十月下旬、ヲホツナイ川ニおゐてシユシヤム（シシャモ｛榎森｝）与申小魚夥敷川入、其節ニ相成候得ば、会所居合之番人并蝦夷人惣掛りニ而くみ上ケ、冬分蝦夷人共飯料十分貯ニ相成申候、十一ゟ蝦夷人共山方江鹿猟ニ罷越、正月中迠右猟支舞、帰村いたし申候」。

以上の記述内容によって、場所請負制下の場所の様子を少々動的に理解することが出来ると思う。しかし、この記録は、場所請負人側が箱館奉行所の役人に対して報告した内容を記したものであり、従って、場所請負人側に不利になる事実は記していない憾みがある。

そこで、次に２年後の安政４年（1857）の記録である玉蟲左太夫著『入北記』（北海道出版企画センター、1992年）の内容と比較してみよう。著者の玉蟲左太夫は仙台藩士で、この記録は、同年彼が箱館奉行堀利熙・同村垣範正らが「東西蝦夷地」と「北蝦夷地」を巡検した際、堀の近習という名目で彼等に随行し、その時見分した内容を日記風に記録したものである。「トカチ」場所に関する記述を見ると、「トカチ持主（トカチ場所請負人の意｛榎森｝）福島屋嘉七」とあり、「土人人別調」の項で、計31ケ村の地名と各地名毎の「土人」の家数と男女別人別とその合計数を記し（安政期以降、「尊王攘夷」という言葉が示しているように、外国人を「夷」と称したため、従来のアイヌに対する呼称である「蝦夷人」・「夷」を改め「土人」と称するようになった｛榎森｝）、「惣村数」31ヶ村、「同家数」261軒、「同人別」1,251人とある。この数は、先の記録に見える数より多い。

また「役土人名前調」として、「ヒロウ村、浜惣乙名ハヱベク」・「ヲベレヘレフ村、山惣乙名シラリケ」・「ヒロウ村、惣小使イタキアン」・「トカチ村脇乙名ヲトワ」・「ヒロウ村並乙名アシケヲク」他10ケ村の「脇乙名」名を記している。この内容を見ただけでも、同書の記載内容が正確な内容であることを示している。さらにアイヌ名を詳細に記していることは、同場所の「会所」で備えていたアイヌの「人別帳」に依拠したことを示している。玉蟲が、同場所を訪れただけで、同場所内のアイヌ名を正確に記すことは出来ないからである。また、この他「土人給料調」「蝦夷人共江売渡品値段」・「蝦夷人ヨリ買上値段調」・「御軽物定値段調」・「巳年産物積出シ高調」という項目でそれぞれ詳細な内容を記しているが、これも又同場所の「会所」に存在していた関係帳簿を見て記したものと見て間違いない。そして同書は、こうした内容を各場所毎に記しているのである。それだけに同書は、各場所に於けるアイヌの生産活動の性格をも知ることが出来る貴重な史料と云って良い。そこで次に、これらの記載内容を駆使して、場所請負制下におけるアイヌ民族の本来的な生産活動である「自分稼ぎ」の様相を解明したい。

③アイヌ民族の本来的な生産活動としての「自分稼ぎ」

「自分稼ぎ」とは、場所請負制下にあって、場所請負人の各種生産の為に働くのではなく、アイヌ自身の生活のために行うアイヌ民族の本来的な生産活動のことである。この事 を解明する為の手掛かりとなるのが、各場所毎に記している「蝦夷人共江売渡品値段調」の各種品目の中にアイヌ民族側が自らの魚業生産の為に利用する「網針（あばり）」・「網糸」等が記されていること、「蝦夷人より買上値段調」の各種品目の中にアイヌ民族側が同場所内で独自に入手し、それを場所請負人に売り渡した品目として「生鮭」・「干鮭（からざけ）」・「鮭アタツ」・「アタツ鮭」・「生鱒」・「鱒」等を記していることである。これらの事実は、極めて重要なことを示している。すなわち、各場所内のアイヌ民族が同場所内の河川で漁網を用いた漁業に従事しており、これらの購入品は、その漁網の修理に用いられていたことを示しているからである。また、アイヌ民族が同場所の請負人側に「生鮭」・「干鮭」・「鮭アタツ」・「アタツ鮭」・「生鱒」・「鱒」等を売り渡しているということは、彼等が同場所内で行っている漁業は、鮭・鱒漁であったことを示しているからである。

なお、「鮭アタツ」・「アタツ鮭」とは、鮭１本を３枚におろし、頭骨を除いて、尾の方を付けて置き、これを数枚にカットして干したものである。また「干鮭（からざけ）」は、川に遡上した鮭を捕獲し、腹を取り除き、鮭を１本のまま木の枝や棹にかけて干した上で、室内の囲炉裏の上で干した鮭のことである（「松前産物大概鑑」松前町史編集室編『松前町史：史料編　第３巻』松前町、1979年）。

また「トカチ場所」では、「鹿皮」が場所請負人側が同場所内のアイヌ民族から買上げている重要な産物として記されているが、ここでは、場所内の河川におけるアイヌ民族の「自分稼ぎ」としての漁業生産のあり方に焦点を置いているので、ここでは、冬期の鹿猟については、対象外とした。

そこで次に『入北記』の記載内容に依拠して、「東蝦夷地」の「トカチ場所」・「ホロイズミ場所」・「シャマニ場所」・「ウラカワ場所」・「ミツイシ場所」・「シズナイ場所」・「ニイカップ場所」・「サル場所」・「ユウフツ場所」・「シラヲイ場所」・「ホロベツ場所」・「モロラン場所」・「ウス場所」・「アフタ場所」の計14場所におけるアイヌ民族の「自分稼ぎ」の内容を示すと「表２」の通りである（図３の主要場所のスケッチ絵図も参照のこと）。

表２　東蝦夷地各場所概要（安政５年）

①場所名　トカチ
　請負人　福島屋嘉七
　惣村数　32カ村
　惣家数　261軒
　惣人別　1,351人
　　男　619人
　　女　632人
　トカチ村　脇乙名　ヲトワ
　　並乙名　サヌカヲク
　アイヌ江売渡品　網針１本銭３文
　　網糸１繰銭５文

②場所名　ホロイズミ
　請負人　福島屋嘉七
　惣村数　９カ村
　惣家数　27軒
　惣人別　106人
　　男　57人
　　女　49人

③場所名　シャマニ
請負人　萬屋千左衛門
惣村数　13カ村
惣家数　38軒
惣人別　183人
男　90人
女　93人
アイヌより買入産物　干鮭20枚1束銭20文
（海産物・獣皮類・他を除く）

④場所名　ウラカワ
請負人　萬屋専左衛門
惣村数　14カ村
惣家数　91軒
惣人別　467人
男　243人
女　224人
鮭　20本1束銭20文
（前に同じ）

⑤場所名　ミツイシ
請負人　小林屋重吉
惣村数　13カ村
惣家数　49軒
惣人別　227人
男　119人
女　108人
アイヌより買入産物　干鮭1束　銭100文
（前に同じ）

⑥場所名　シズナイ
請負人　萬屋専左衛門
惣村数　14カ村
惣家数　127軒
惣人別　675人
男　316人
女　359人
アイヌより買入産物　生鮭1束　銭75文
アイヌ江売渡品　網糸　1繰　銭4文
（前に同じ）

⑦場所名　ニイカップ
請負人　浜田屋平右衛門
惣村数　7カ村
惣家数　110軒
惣人別　410人
男　201人
女　209人
アイヌ江売渡品　網糸1括　銭40文
（前に同じ）

⑧場所名　サル
請負人　山田屋文右衛門
惣村数　14カ村
惣家数　250軒
惣人別　1,165人
男　582人
女　583人
ヒラトリ村　並乙名チアリアマ
ニフタニ村　並乙名イニセキテ
アイヌ江売渡品　網糸1括
（前に同じ）　銭4文

⑨場所名　ユウフツ
請負人　山田屋文右衛門
惣村数　35カ村
惣家数　229軒
惣人別　1,146人
男　581人
女　565人
アイヌより買入品
生鮭1束　銭100文
干鮭1束　銭40文
アタツ鮭　1束　銭50文
（前に同じ）

⑩場所名　シラヲイ
請負人　野口屋又蔵
惣村数　4カ村
惣家数　85軒
惣人別　413人
男　207人
女　206人
アイヌより買入品
生鮭1束　銭220文
（前に同じ）

⑪場所名　ポロベツ
請負人　恵比須屋半兵衛
惣村数　不明
惣家数　52 軒
惣人別　266 人
男　123 人
女　143 人
アイヌ江売渡品　網苧 28 匁　銭 100 文
アイヌより買入品　生鮭 1 本　銭 11 文
鮭アタツ　1 束　銭 100 文
干鮭 1 束　銭 100 文
（前に同じ）

⑫場所名　モロラン
請負人　恵比須屋半兵衛
惣村数　４カ村
惣家数　46 軒
惣人別　264 人
男　125 人
女　139 人
アイヌより買入品　生鮭 1 本　銭 11 文
鱒 1 本　銭 8 文
（前に同じ）

⑬場所名　ウス
請負人　和賀屋孫四郎
惣村数　５カ村
惣家数　95 軒
惣人別　481 人
男　257 人
女　224 人
アイヌ江売渡品　網苧 1 貫目　銭 3 貫 680 文
アイヌより買入品　生鮭 1 本　銭 15 文
干鮭 1 束　銭 100 文
鮭アタツ　1 束　銭 100 文
生鱒 1 本　銭 100 文
（前に同じ）

⑭場所名　アフタ
請負人　和賀屋孫兵衛
惣村数　５カ村
惣家数　138 軒
惣人別　593 人
男　332 人
女　261 人
アフタ村　惣乙名　カムエサム
脇乙名　チマケシ
惣小使　エカヌクン
並小使　ホロヤンケ
同　ヒロクロ
アイヌより買入品　生鮭 1 本　銭 15 文
（前に同じ）

（註）玉蟲左太夫著『蝦夷地・樺太巡見日誌：入北記』（北海道出版企画センター、1992 年）。
同記録では、「アイヌ」を「土人」と記しているが、本表では「アイヌ」と記した。
また、「シャマニ」の場所請負人を「萬屋千左衛門」と記しているが、「萬屋専左衛門」の誤り。

アイヌ江売渡品では、「トカチ場所」の「網針」・「網糸」、「シズナイ場所」の「網糸」、「ニイカップ場所」の「網糸」、「サル場所」の「網糸」が目立つ。

アイヌより買入品では、「シャマニ場所」の「干鮭」、「ウラカワ場所」の「鮭」、「ミツイシ場所」の「干鮭」、「シズナイ場所」の「生鮭」、「ユウフツ場所」の「生鮭・干鮭・アタツ鮭」、「シラヲイ場所」の「生鮭」、「ホロベツ場所」の「生鮭・鮭アタツ・干鮭」、「モロラン場所」の「生鮭・鱒」、「ウス場所」の「生鮭・干鮭・鮭アタツ・生鱒」、「アブタ場所」の「生鮭」が目立つ。

このように、「東蝦夷地」の各場所において、幕末期に至ってもアイヌ民族の「自分稼ぎ」が広範囲に存在していたことを知ることが出来る。このことは同時に、幕末に於けるアイヌ民族の先住権の姿を示すものでもあった。

以上の諸事実は、「先住民族の権利に関する国際連合宣言（UNDRIP)」で謳った世界の先住民族の各種先住権の内、河川での漁業権に関する幕末の「東蝦夷地」におけるアイヌ民族の先住権（サケ・マスの捕獲権）の史実関係を明確に示しているといえよう。

図３　石田近則著『安政４年、東蝦夷道中細見』（榎森所蔵）中の
「東蝦夷地」主要場所のスケッチ絵図

トカチ場所

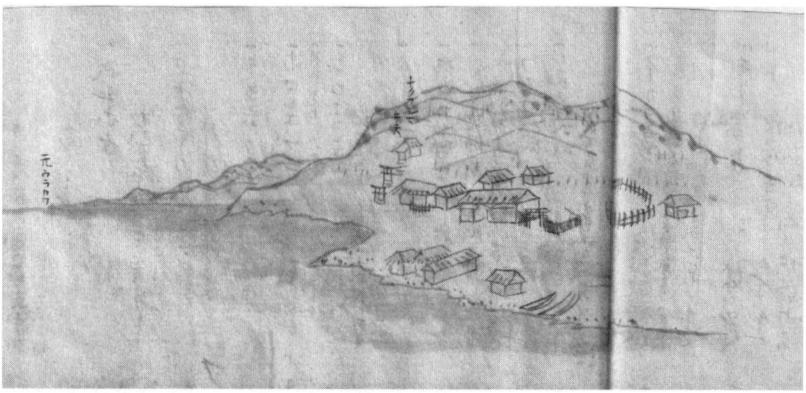

ウラカワ場所

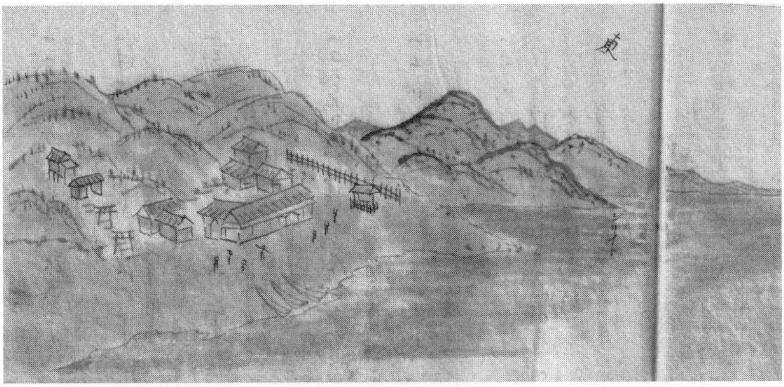

ミツイシ場所

シツナイ場所

サル場所

ユウフツ場所

シラヲイ場所

アブタ場所

Chapter

3

第3回／ 2022年2月27日

アラスカ先住民族の権利と資源の活用法

ジェフ・ゲーマン

北海道大学大学院メディア・コミュニケーション研究院及び教育学院教授

Gayman Jeffry Joseph
ジェフ・ゲーマン

教育学博士。北海道大学大学院メディア・コミュニケーション研究院及び教育学院教授。米国アラスカ大学フェアバンクス校修士課程、九州大学人間環境学府博士後期課程修了後、2012年から北海道大学に在籍。アイヌをはじめ世界の先住民族運動、言語復興運動などに詳しい。共著書に Routledge Handbook of Race and Ethnicity in Asia (2021), The Indigenous World 2021 35th Edition など多数。北大開示文書研究会会員。

アラスカ先住民族の権利と資源の活用法

講師／ジェフ・ゲーマン

皆さん、こんにちは。

こちらは世界地図ですが、アラスカは真ん中の上のあたりです。私はよく「カナダに帰りましたか？」と聞かれることがありますが、私の生まれ故郷のアラスカは、カナダではなくアメリカ合衆国なんです。

普通は、それを説明するためにアメリカ合衆国の地図を出して確認するのですが、今日は日本とつながっていることがわかるようにしました。北海道から千島列島をカムチャツカまで行くと、そこからアラスカにつながるアリューシャン列島があります。私の生まれ故郷はアンカレッジというところで、最後に住んだのは内陸部のフェアバンクスです。

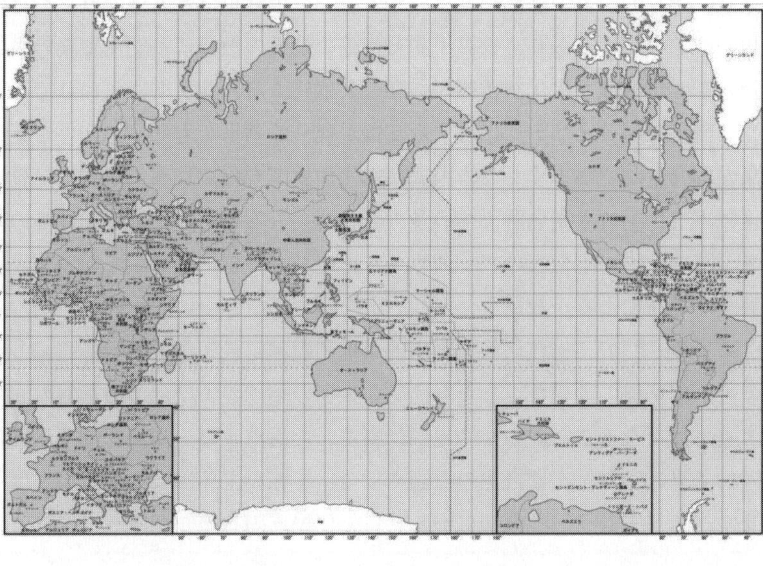

今日、この発表をさせていただくことは私にとって大きな喜びです。差間さんをはじめラポロアイヌネイションの皆さんのご活動に、深く敬意を表します。

今回はラポロアイヌネイション支援連続学習会第３回目ですね。第１回目は先住権とは何か、第２回目ではアイヌの自治は明治まで認められていたことを学習しました。今回の発表ではアラスカの先住民族——以下アラスカ・ネイティブという言い方をしますが——を中心に先住民族の権利である集団的な権利が認められ、経済的な基盤が固められた場合のメリットについてテーマにしたいと思ってます。

以下の話で、そのメリットは先住民族のみならず、みんなにとってのメリットであることが明らかになれば幸いです。言い換えればこの発表では、米国アラスカ州先住民族の置かれている状況や位置付けを明らかにし、その状況から日本はどのようなヒントを得、学べるかを共に考えていきたいです。

本発表の内容

今日の人類にとっておそらく最も懸念されている課題は、環境問題、貧困の撲滅、そして紛争の解決だと思います。ここ半世紀ほど人権の概念やその適用の議論の発展もあり、世界平和と格差の是正のために多文化主義の理念が追求され、多様な文化や言語の共存／共生によるメリットは謳われてきました。例えばマイノリティに対する支援が経済的効果をもたらすという研究結果が紹介されています。この図式に先住民族固有の知識が気候変動、資源管理、ガバナンスの問題解決への多大な一助となることも、国連をはじめ期待されています。本発表のアラスカ・ネイティブの事例を通じて、先住民族の健全な存在による一般社会のメリットを探っていきたいです。

その前提として、先住民族の集団的な権利の承認、先住民族の集団にとっての経済的基盤の大切さ、また集団的な権利の承認および経済的基盤の固定により可能となること、つまり地域に根差した活動＝郷土愛に基づく活動の波及的効果——たとえば自然の保護や保全、多様な主体による協力が挙げられます。そしてもう一つ大切になる話に先住民族固有の知があります。これは後で説明します。

アラスカは素晴らしい景色があるところです。例えばブルックス山脈の真ん中に流れている川は両側をツンドラに囲まれています。多様な高山植物、豊富な野生動物、四季折々の変化、オーロラなど、とても自然が素晴らしいところです。一方で大変豊かで多様な言語空間、多文化空間でもあります。今日の発表はその自然と文化の接点をテーマにした発表になります。

アラスカ・ネイティブの概要

白人との接触は400年以上続いていますが、一度も西洋諸国と条約を結んだことがありません。現在ではアラスカ人口の2割を先住民族が占めていますが、200以上ある先住民族の村落では——地元ではネイティブ・ビレッジという言い方をしますが——、人口の9割以上がアラスカ・ネイティブで構成されています。真ん中の写真がライムビレッジといって、ユピックとデナイナ出身の住民が住むアサバスカン族の村です。左上の写真はイヌピアック族の多く住む村落ではあるのですが、この両方の村で90%以上の住民が先住民族です。周りの大自然の豊富な魚、動植物などに頼って自給自足の生活を今でも送っており、サブシスタンス生活というのですが、その独自の生活

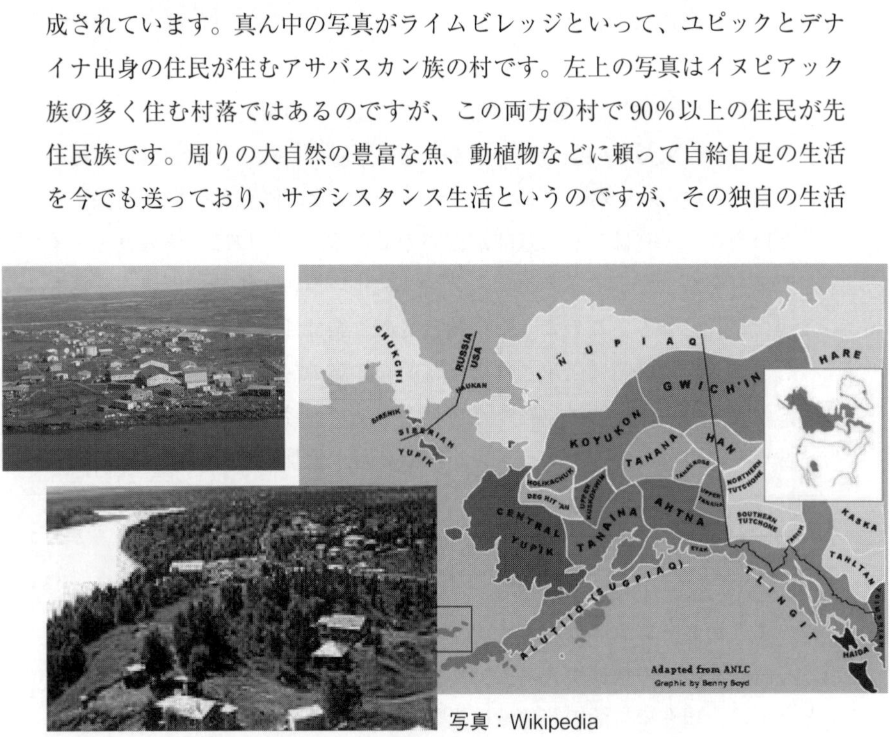

写真：Wikipedia

文化が色濃く残ってます。

今日は詳しくはお話できませんが、アラスカの先住民族は主に三つのグループに分けられます。ひとつはイヌピアック、ユピック、スピアーク——アラスカではエスキモーと呼ばれている人たち。それからアリューシャン列島に住むアリュートの人々、あるいはウナンガンという言い方もします。そして内陸アラスカ、南東アラスカに住むインディアンの人々です。これら全てのグループに共通しているのは、代々受け継がれてきた生き方の保全に対する強い思いです。

生き方の保全に対する強い思い

アラスカ州国家利益土地保全法を解説するアメリカ合衆国国立公園局のホームページでは、アラスカ・ネイティブにとってのサブシスタンスの大切さを次のように述べています。

> 「アラスカの多くの国立公園を可能にしたこの画期的な法律は、地元住民が持つ大地との強力なつながりを物語っている。しかし自給自足の生活、“サブシスタンス”とは、テーブルの上に置く食べ物を確保するということよりはるかに意味が広いのである。そこにはアラスカ・ネイティブをかたどるアイデンティティ、文化、慣習、伝統、価値観、信念が含まれている。このような自給自足の生業は地域への愛着に強く根差しており、世代間に伝承される伝統的な知識の伝達により、月日の流れに耐えている。それは家庭や地域社会を結びつける社会的、経済的な絆もそこに現れている。アラスカ州国家利益土地保全法で規定されているサブシスタンスはアラスカ・ネイティブの身体的な文化のみならず、精神的な文化をも維持している。」(NPS n.d.)

このようにしてアラスカ・ネイティブにとって土地の所有、自然資源の利用は心身の健全さの維持の大前提であって、生活と不可分な要素をなしているとともに、現在の生活の諸領域に影響を及ぼし続けています。現在になってこのような関係性が「先住民族の権利に関する国連宣言」、いわゆる先住民族の権利宣言によって明白に示され、それを維持発展するための権利が問われていますが、心身共に生活の糧となっている大地との繋がりを脅かす西洋人の入植に対し、アラスカ・ネイティブは度重なる運動を展開してきました。アラスカ・ネイティブは現在はアラスカ州において経済的政治的なプレゼンスを成していますが、現体制に至るまで、長い道のりがあったのです。

彼らを囲む自然環境へのとてつもない愛着によって支えられたこれらの運動は、権利獲得に結実した現在において、アメリカ合衆国やアラスカ州の法体制の中で繰り広げられている自然保護活動に対する必死さなど、その姿勢に学ぶべきものがあります。

現体制への長い道のり

約150年のあいだ、アラスカの先住民族は自分たちの土地と資源、代々の生活を守るために運動をしてきました。例えば1867年にロシアからアメリカ合衆国政府がアラスカを購入したとされていますが、皆さんおなじみのボブ・サムさんが所属しているクリンギット族（Tlingit）は、アメリカやロシアはそんな売買をする権利はないと主張しました。それからこの右上の

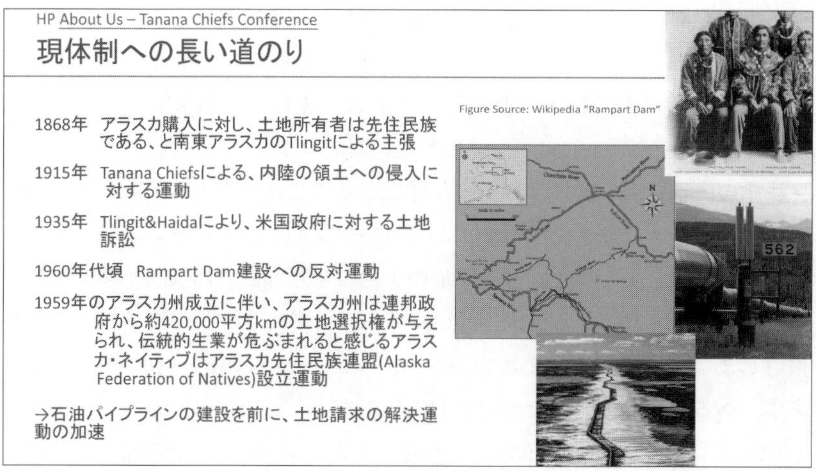
HP About Us – Tanana Chiefs Conference
現体制への長い道のり
Figure Source: Wikipedia "Rampart Dam"
1868年　アラスカ購入に対し、土地所有者は先住民族である、と南東アラスカのTlingitによる主張
1915年　Tanana Chiefsによる、内陸の領土への侵入に対する運動
1935年　Tlingit&Haidaにより、米国政府に対する土地訴訟
1960年代頃　Rampart Dam建設への反対運動
1959年のアラスカ州成立に伴い、アラスカ州は連邦政府から約420,000平方kmの土地選択権が与えられ、伝統的生業が危ぶまれると感じるアラスカ・ネイティブはアラスカ先住民族連盟(Alaska Federation of Natives)設立運動
→石油パイプラインの建設を前に、土地請求の解決運動の加速
562

写真：Tanana Chiefs Conference HP

写真はアラスカの7つのアサバスカン民族のトライブのチーフなんですね、Tananaという地域の出身なんですけれど、このTanana Chiefsが、鉄道の内陸の領土への侵入に対する抗議をしてきました。1935年にTlingitとHaidaが、アメリカ政府に対し土地訴訟をおこしました。

1960年代にユーコン川に巨大なダム、用水池を作る計画がされてました。アラスカ州は北海道の何倍もの大きさですが、そのダムによってほぼこの赤色で示されているところは水没をするということになってたんですが、全体的な生活を脅かし、村が沈むということで反対をしてきました。

そして1959年のアラスカ州成立に伴い、アラスカ州は連邦政府から約42万㎢の土地選択権が与えられ、北海道の5倍ぐらいの土地の選択を自由にできるというふうにされたんです。しかしそれによって伝統的生業が危ぶまれると感じたアラスカ・ネイティブは、アラスカ先住民族連盟（Alaska Federation of Natives）を設立する運動を展開しました。何度も首都ワシントンDCに通い、住み続け、抗議運動をしてきました。1960年代後半にアラスカの北部での石油の発見によって石油パイプラインを建設する計画が立ち上がりました。これがこの土地請求の解決運動を加速させました。そしてこの土地請求の運動が、1971年のアラスカ先住民族請求解決法（Alaska Native Claims Settlement Act）の制定に繋がります。

法律の内容に入る前に、ちょっと背景を見ることによって、アラスカ州の先住民族とアメリカ本土やハワイとの違いを確認したいと思います。基本的にインディアン・トライブの居住地の土地は米連邦政府によりインディアンのために保管されている（be held in trust）とされます。アラスカもこれを検討しますが、最終的に土地の直接所有（fee-simple ownership）に収まります。ある意味ではそのため政治的主権がない、という言い方もできます。

1924年に動き始めて、1936年に制定されたインディアン再組織法（Indian

Reorganization Act）の結果、トライブは限定的に自らの自治、例えば教育や住居、厚生福祉、トライバル法廷などを自律的に管理できるようになります。つまりアラスカ・ネイティブの村はトライバル政府を設立することが可能となります。現在このようなトライバル政府はなんと230近くあります。

アラスカ先住民族請求解決法（ANCSA）

さて、アラスカ先住民族請求解決法の内容とはどんなものなのか。

伝統的に使い、慣習的に利用してきたアラスカの先住民族はその土地を手放し、そこで狩猟漁撈権を放棄する代わりに、アラスカ州の面積の約1割に当たる18万㎢の土地の所有権を与えられ、9億6,250万ドルの賠償金を受けます。賠償金はネイティブ・コーポレーション、つまり利益を得る株式会社が管理運営することも条件となりました。ネイティブ・コーポレーションはどのように決められたかというと、文化的特徴が似ており、集団的な方向性が合っているであろう村々と人々が一つのリージョン、地方に治められるんです。ここに現在でも12の地方コーポレーションの地図があります。

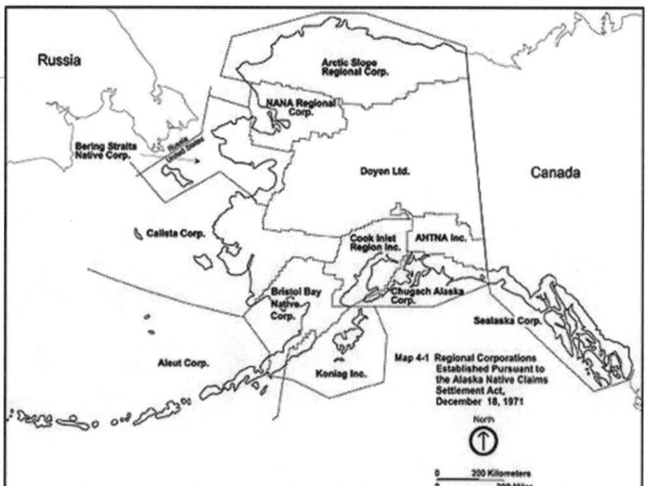

図： Wikipedia: Alaska Native Claims Settlement Act
12の地方コーポレーションの地図

ちょっと複雑ですが、地下資源の権利を有する12の地方コーポレーションと資源の権利（surface rights）をもつ集落、村落会社とかが同一地域に所在する、重層的な組織体をなすことになります。それで経済的な基盤が持たされることによって、つまり資源を開発して売買したりして、ANSCAにより連邦政府から与えられた賠償金も使って会社を運営していくんです。その株主である地域の先住民族は、それで実質的にアラスカ州における“自己決定”が行使できるようになります。

今現在230の連邦政府認定のトライバル政府があります。そのほとんどが200以上の村落会社を設立してます。そしてその多くの村落会社は同じ地域にある地方会社、つまりリージョナル・コーポレーションと共同でさまざまな事業を展開しており、トライブ間で相互により大きな地域共同体を作ったりしています。それを束ねているのは1966年に土地請求をするために設立されたアラスカ先住民族連盟（Alaska Federation of Natives = AFN）という組織です。そのロゴマークはアリュートとエスキモー、インディアンの、先ほど説明した3つの部族からなっています。つまりアラスカ先住民族請求解決法の制定後に、アラスカ・ネイティブはアラスカにおけるプレゼンスとなります。

現在の組織体制　アラスカ先住民族連盟
（Alaska Federation of Natives=AFN）
TRIBES AND VILLAGE CORPORATIONS
231 連邦政府認定のトライブ（2009年）
200 以上の村落会社
AFN（2022年）
191 連邦政府認定のトライブ
171 村落会社
11 地方会社
12 地域の非営利団体
およびトライバル・
コンソーシアム
ESKIMO
A
F
N
INDIAN
ALEUT
courtesy of alaskapublic.org

ANSCA制定後の、アラスカにおけるアラスカ・ネイティブのプレゼンス

アラスカ・ネイティブがアラスカ州における文化、経済、政治においては大きな存在となり、その結果得た影響力によって政策実現のための活動に取り組み始めると、資源を共有したり、共にアラスカの経済を動かしている運命共同体であるという共通認識が生まれます。そして地域雇用、環境保全、次世代のリーダー育成、などに取り組みます。その中で先住民族の伝統的な知識（後で説明しますが）に基づいて資源管理への直接関与、つまり政策提言や自然保護、自然回復、該当する諸団体間の情報共有の提供をするようになります。また伝統知に基づいた自然の管理法の専門家育成も志向され、それを通した文化の継承や保全も強化されます。これによってアラスカ州全体の多文化主義へも貢献していると言えます。

北海道との対比において大切なのは、アメリカ合衆国やアラスカ州の法体制の中でありながらも、アラスカ・ネイティブの自然保護活動に対する必死さであると考えます。

ANSCA制定後のアラスカにおける
アラスカ・ネイティブのプレゼンス

地域雇用、環境保全、次世代のリーダー育成。

先住民族の伝統的な知識（後述）に基づき、資源管理への直接の関与

政策提言、自然保護、自然回復、該当する諸団体間の情報共有の提供

伝統知に基づいた自然の管理法の専門家育成も志向され

文化の継承、保全も強化 → アラスカ州全体の多文化主義への貢献

彼らを囲む自然環境へのとてつもない愛着によって支えられたこれらの運動は権利獲得に結実した現在に、アメリカ合衆国やアラスカ州の法体制の中で繰り広げられるアラスカ・ネイティブの自然保護活動に対する必死さに連なり、その姿勢に学ぶべき。

アラスカ・ネイティブによる持続可能な資源開発の試みと環境保護運動

例えば、先住民族名を私は発音する自信がないので西洋人が聞き取れた名前を使わせていただきますが、Cordova の Native Conservancy という団体はサケ保全運動や自然開発防止運動の傍ら、昆布（kelp）の栽培に取り組んでます。昆布は海水系の生態系を健全にする他に、それを収穫して食料にしたり肥料になるなど、さまざまな用途があって持続可能な海産物です。

写真：Native Conservancy HP

それから南東アラスカの多国籍の会社達は、大型鉱山 Pebble Mine の開発に乗り出そうとしているんです。その度重なる自然環境に対する脅威に対し、環境保全運動も繰り広げられているんですね。つまりそのような鉱山開発がされて環境汚染が始まったら、このような世界一を誇る紅ザケなどのワイルドサーモンの産卵は脅かされます。それに対して行っている活動の中心的な特徴の一つが、非先住民族の人々との連帯です。つまり汚染が発生したら秋ジャケの産卵地をはじめとして、多くの野生動物を養う自然環境に甚大な悪影響を及ぼすことに対して反対運動をしている中には、先住民族だけではなくてさまざまな当事者がおります。海産物加工会社とか国立資源保護協議会とか、ともに運動をしてるんです。さまざまな当事者が違いを超え、互いに共通の生業と遺産のために連帯をしている事例の一つなんですね。

同じく南東アラスカの Pedro Bay にある自然保護団体と連帯して、紅ザ

写真：Conservation Fund HP

ケの産卵地を保全するための自然保護地の制定に、最近こぎつけました。ワイルドサーモンの産卵地の他にイリアムナ湖にある淡水系の珍しいアザラシの繁殖地がこの自然保護地の中に入ることによって、永遠にこれらの種類を保全していくことができます。そのような取り組みがあります。

それから皆さん聞いたことがある北極野生生物国家保護区 Arctic National Wildlife Refuge、つまりアラスカ北部、カナダと接する広大なツンドラと山地帯に、石油の掘削という脅威があるのです。それはマッケンジー川に住むグイチン族の主な食資源の一つとなるカリブーの繁殖地や多数の渡り鳥の繁殖地を脅かすということで、国家を超えた自然保護や保全運動となっています。

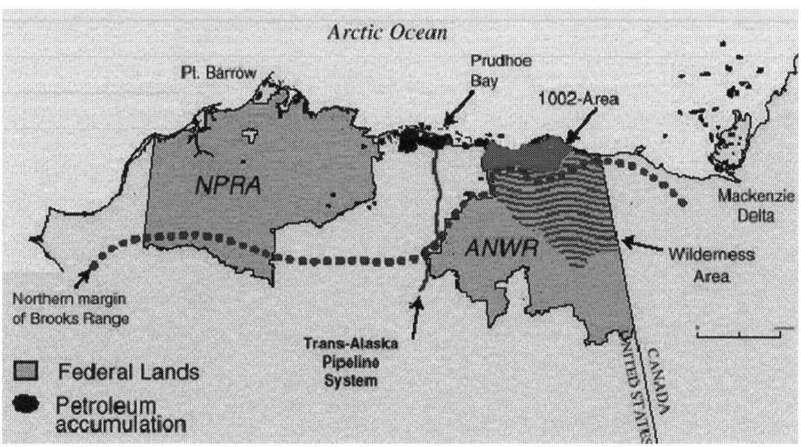

図：Wikipedia: Arctic Refuge drilling controversy

陸地では、石油開発はカリブーや渡り鳥の繁殖地の脅威となります。一方で海域では、石油の運搬は海獣の健康に対する脅威で、これに対してはイヌピアック族の村の人たちがシェル会社、つまり石油メジャーに対する法律措置を取ることを可能とする決議を、村落政府で採択してます。あるいは一つの野生生物保護区で石油の掘削許可とかが出ると、他の保護区の脅威となる危険性をはらんでいるということで、ポイントホープのイヌピアックは反対声明を採択しています。内陸アラスカとかノース・スロープに住んでる人たちだけでなく、アラスカ全体の229のアラスカ先住民族のトライブを代表するアラスカ先住民族政府間協議会も反対を表明してます。

「伝統的な生態学的知識」とは

もうちょっと北海道にとって実質的な示唆になるかもしれない事例を見てみたいと思います。そのために「ローカルと伝統的な知識」(local and traditional knowledge) といった概念を知っておかなければならないので説明したいと思います。

> 「伝統的な生態学的知識 Traditional Ecological Knowledge (TEK) は、人を含めた生物間、あるいはそれらと環境との関係性に関する経験的・伝承的・地域的な知識をさす。」

ここからは、ハンティトンという、この種の執筆をたくさんしている人の本からの抜粋で、このように述べています。

> 「(それは、) 環境を理解するための知識体系である。人々が食料、資材、文化のために土地と海に依存している上に、それは何世代にも渡り構築される。生態学的知識は地域の年配者から学んだ知識を参照しながら、観察と経験に基づくものである…生態学的知識全般は自然世界や環境における人間の位置について関心を持ついかなる人にとっても重要な情報源であり、理解の元である。
> (ここは大切なんですけれど、) 多くの科学者は、ある地域に住み、その

地域で起こる自然の過程について深い洞察を持っている人たちと協力する価値を認知している。科学の視点と伝統的知識の視点はしばしば異なるが、相互的に有益である。協力することが自然に対する共通理解を得る最善の方法である。」(Huntington, 2000)

「ローカルと伝統的な知識」の活用法の例

南東アラスカのユピックの人たちはこのようなモデルを出しています。「ローカルと伝統的な知識」とはどういうものなのか、つまり表面的な文化には民族的な特徴——美術や物語、楽器、自給自足の活動、踊り、民族的な食事、医療、などがありますが、その奥にディープカルチャーがあって、ディープカルチャーを源とするローカルと伝統的な知識は、実はさまざまな現代科学の分野において活用しうるということに、最近科学者たちは気づき始めたんですね。つまり水産業や河川資源の管理、野生動物の管理、森林管理、動植物の管理、植物学、気象学、天文学、廃棄物の処理、航海術、交通、建築学、アラスカでは特に断熱の素材に関する知識、医療的な知識、測定法——これは例えばアラスカ州では数学、算数の教材にも生かされてるんですが、さらに道具の開発など、理工系分野のみならず、社会科学の分野に

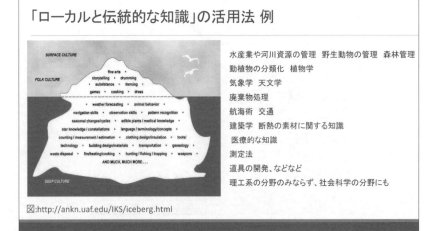

「ローカルと伝統的な知識」の活用法 例

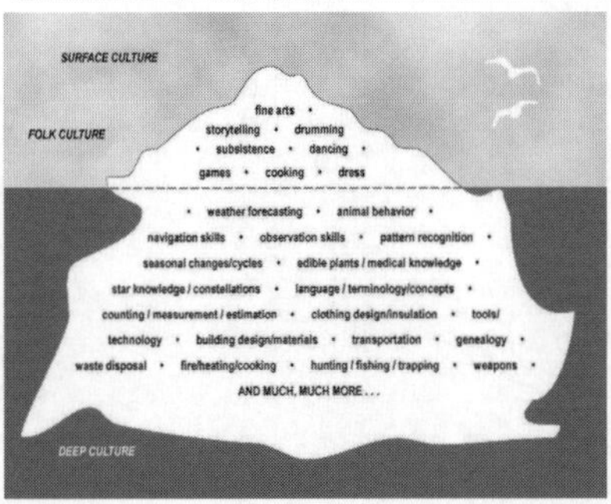

水産業や河川資源の管理　野生動物の管理　森林管理
動植物の分類化　植物学
気象学　天文学
廃棄物処理
航海術　交通
建築学　断熱の素材に関する知識
医療的な知識
測定法
道具の開発、などなど
理工系の分野のみならず、社会科学の分野にも

図:http://ankn.uaf.edu/IKS/iceberg.html

も適用可能だとされているんです。

ここから「ローカルと伝統的な知識」の活用法の事例をいくつか見てみたいと思います。

〈事例 1〉ユーコン川水域漁業組合の取り組み

まずユーコン川水域漁業組合という団体が取り組んでいるひとつの事業に次のようなものがあります。

ユーコン川水域漁業組合は伝統知を中心とした文化継承活動、漁業分野の地域雇用の提供の他、政策提言、自然保護、自然回復、該当する諸団体間の情報共有の提供に取り組んでいる多数の集落が加入している連合体組織です。ここでローカルと伝統的知識を近代科学と融合させ政策に生かすための取り組みを説明している、モンクリーフの報告書の内容を紹介します。その事業の趣旨は、サケの中の遺伝的多様性を最大限に生かす正確な漁業関連の知識は、ゆくゆく水域の全ての動植物にとって有益であるという考え方のもとに、地図にある6つの集落の先住民族政府とそこに住む古老たち（年配者たち）、先住民族の政府、それから先住民族出身の漁師たちに対して聞き取

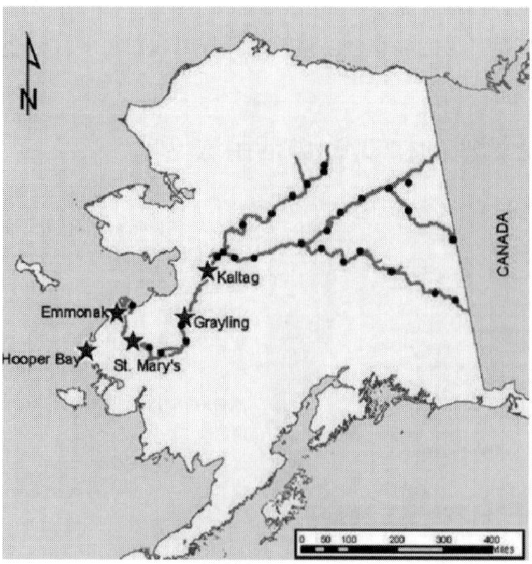

図: Moncrief & Bue (2006), p.18

りを行なっているんです。その聞き取り目的は、アラスカ・ネイティブの古老及びサケ漁の従事者に、サケの遡上の時期、サケの健康や個体数を示す自然指標に関する知識を得るということなんです。その上で科学の測量法と融合させ、より包括的な資源管理に生かすことが目的だったんです。地元の古老たちと漁師たちは次の３つの指標をあげたんですね。

１つは、渡り鳥の数や滞在期間によってサケの数とか遡上している様子が理解できるということ。これは水域の場所によっても異なります。

２つ目の指標は、地元の植物の成長具合です。これも観察される植物は水域の場所によって異なります。

３つ目は風の向き。これは河口地域のみですけれど、つまりユーコン川は河口がいくつもに分かれてるんですね。北風が多い年はサケが河口の南側から遡上し、逆に南風が多い時は河口の北側から遡上するといった様子です。

この３つの指標を調べたところ、自然魚類野生生物局の調査したデータと一致したので、管理に取り入れると有効だと結論されました。

ここで大事なポイントの一つだと思うのは、その調査の資金提供者に米国の海洋大気庁や私立の財団があって、協力団体には米国の地質調査所や地元のアラスカ大学、アラスカ魚類野生生物局、米国魚類野生生物局、アラスカ気候研究センター、ユーコンデルタ国立野生生物保護区といった、州立や連邦、国立の団体もあるんですね。

〈事例２〉ユーコン川先住民族政府間流域圏協議会

もう一つアラスカ・ネイティブの伝統知を活用している団体にユーコン川先住民族政府間流域圏協議会 Yukon River Inter-tribal Watershed Council という団体があって、先の団体と同じように漁師たちの雇用や伝統的文化の継承にも取り組み、科学的な方法と伝統知を融合させようとしています。例えばこの流域はベーリング海から大変広大な地域に渡るんですけれど、その地域内の自然観察、測量で得たデータを GPS に落とし、さまざまな方法で使っているんです。つまりこれも国家を超えた河川保護・保全運動であって、多数のトライブの連帯運動ではある。

国立の機関とか地元の大学も協力していますが、教育的な機能もあると、人類学者の井上は言っています。つまり「ユーコン川上流のリトルサーモン／カムックの先住民族政府のチーフは、『我々は州政府や連邦政府を教育し、先住民の物事の運び方（生活方法や物事の決め方）について理解させるようにしなければならない』と主張したことに対して、井上さんは次のように指摘している。「『educate(education)』という語はアメリカ社会において先住民のようなマイノリティが用いる場合、単なる『教育』を意味するのではなくて、『自分たちの価値観や方法論を超えた社会状況や主張を相手に伝え、理解させること』というニュアンスを持っていることを留意されたい」と。さらに、「これらの、『先住民族の側が一方的に主流社会の方法論に迎合するのではなく、交渉相手にも先住民の方法論を理解させる努力を同時に行うべき』との意見は、この地域の先住民世界で共有されているものであるといえる」（井上、2011、157）とあるんですけれど、そのような理解が地元の公教育で使われる教材開発にも繋がっており、このトライブたちはそのような教材開発にも貢献しているということです。

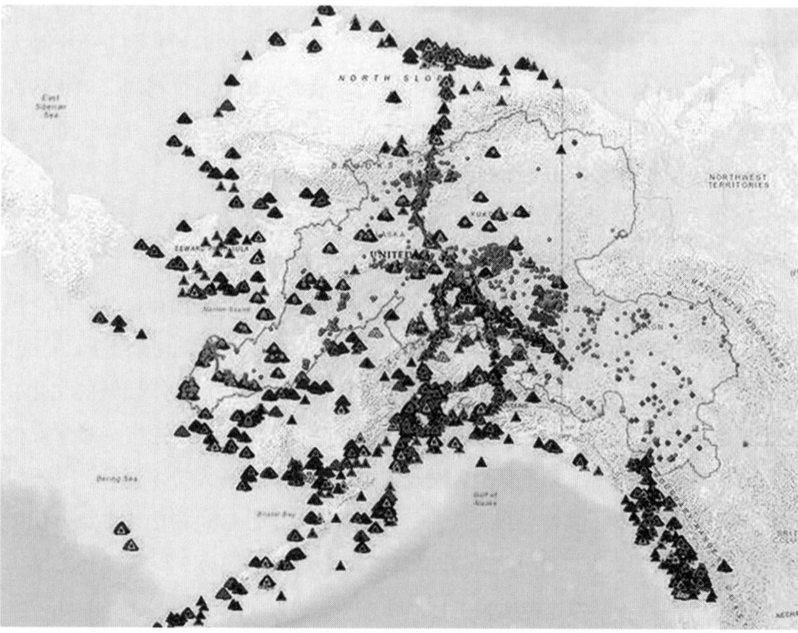

図：Yukon River Inter-Tribal Watershed Council HP

〈事例3〉アラスカ・ネイティブ・サイエンス委員会の活動

アラスカ先住民族連盟の強力なリーダーシップのもと、アラスカ・ネイティブのサイエンス、先住民族の科学を主流社会に浸透させるための取り組みの一環として、1993年にアラスカ・ネイティブ・サイエンス委員会（Alaska Native Science Commission）といったものをアラスカ・ネイティブは設立しているんです。これは先住民族による研究、先住民族に関する研究のデータベースや情報公開、先住民族と非先住民族の研究者の斡旋を使命としています。長らくアイヌ民族の活動支援に携わっている皆さんは、2008年の先住民族サミットinアイヌモシリを鮮明に覚えているでしょうけれど、その時にこのアラスカ・ネイティブ・サイエンス委員会の常務理事であるパトリシア・コクランさんをお呼びしたかったのですが、頓挫してしまいました。先住民族も研究に取り組んでいて、その研究の成果はどのように活用されるかということですが、次のような目標があります。

- 研究および科学におけるローカルおよび伝統的な知識の拡大促進
- 研究へ参加・参入し研究の優先事項に影響を及ぼす
- 科学のあらゆる段階でのアラスカ・ネイティブの参加・参画を促進する
- 研究成果や科学的な活動に対し地域共同体がフィードバックできるための措置を提供する
- ネイティブの青年に科学に興味や関心を抱いていただく
- 科学分野にネイティブの人々が就職するよう奨励する
- 彼らの知的財産による経済的な利益をネイティブの人々が共有できるよう保障する（ANSC, n.d.）

といった活動をしているんです。

アラスカ・ネイティブのための高等教育、次世代人材育成

そのように片足を伝統文化に突っ込みながら、現代の生活にもついていける次世代の人材育成のために、いろいろな取り組みをアラスカ・ネイティブは行っています。つまりアラスカの先住民族のみならず、アラスカの全ての住民にとってメリットになるような視点を持った人の育成です。これはアラ

スカ大学をはじめ、地元の私立大学のあちこちで取り組まれています。

例えばアラスカ・パシフィック大学は、去年から全ての授業を先住民族化しようという動き、つまり先住民族の視点を全ての授業に組み込むことに取り組んでます。llisagvik College は北部のイヌピアック民族が石油から得た利益によって立ち上げたトライバル・カレッジです。アラスカ大学では先住民族のローカルと伝統的な知識に立脚したカリキュラムも開発されたり、博士過程において資源管理のみならず先住民族の言語、先住民族の教育、先住民族のリーダーシップ、先住民族の研究などのいくつもの専門が創設されてます。そして僻地の村から、慣れない大都市へ来て、適応に苦しむ先住民族の学生のための、「先住民族学習支援センター」といったようなものがあります。

キャンパスにおける先住民族の存在をアピールしている施設には、例えば先住民族言語研究センターや先住民族のみの展示施設であるアラスカ大学博物館があります。またキャンパスには学生寮や教職員の宿舎があるのですが、その一つを古老に提供して、古老に、学校に宿泊しながら授業とかガイダンスに参加していただく Elders-in-Residence という事業もあって、先住民族の学生に大変人気です。私もアラスカ大学にいるときに大変お世話になりました。

これらの授業は高等教育のみならず、アラスカ大学とアラスカ先住民連盟のリーダーシップのもとで1995年から2005年に行われた大幅な教材開発事業によって、幼稚園から高校、そして大学までずっと繋がっています。そしてアメリカ合衆国全国の先住民族出身理工系学生支援機構が実施しているアラスカ・ネイティブ・サイエンス・アンド・エンジニアリング・プログラムと連動して幼稚園から博士号の取得まで一貫した学習支援を提供しており、それによって加速した学士号取得プログラム（19歳で取得可）やインターンシップを提供したりしてます（ANSEP n.d.）。

私は２年間アラスカ大学で勉強していたのですが、そこで魅了された一つは生き生きとした先住民族サークルの学生たちの活動でした。例えばアラスカ大学は毎年先住民族の日といったものを導入していますが、これは先住民族の文化や知識を尊敬するために出来たということです。それからフェスティバル・オブ・ネイティブ・アーツという舞踊、踊り、歌、そしてネイティブのアーティストたちによって作られたさまざまな作品が販売される３日間のお祭りは、毎年３月にアラスカ大学を中心に行われ、アラスカ大学やアラスカの多文化に貢献しています。

アラスカ・ネイティブから得られる示唆

いよいよ最後のまとめにきたのですが、以上の発展や取り組みはアメリカ合衆国やアラスカ州の特殊な制度により可能となるものが多いです。またそこに課題や問題がないわけではないんです。ただしそれらの制度が無いよりあることのほうが望ましいと、多くのアラスカ・ネイティブは賛成しています。またアラスカ・ネイティブから日本や世界が学べるものも多いことは紛れもない事実でしょう。教訓としては、次の点があげられると思います。

①先住民族の伝統的な価値観や文化を維持しつつ、経済と環境の両方を視野に入れた包括的な地域開発にアラスカ・ネイティブは取り組んでいること。

②現行法を活用しつつ、非先住民との戦略的な連携や連帯の努力をしていること。

③アラスカ・ネイティブ同士が連携、連帯をして運動を促進しようとしていること。たとえばアラスカ先住民族連盟といった社会や政治に影響を及ぼす活動もあれば、アラスカ大学や地元の私立大学の先住民族出身の学生のための支援プログラムやリーダー育成の授業が挙げられます。

④そして最後に、この発表ではあまり触れなかったのですけれど、国際先住民族運動の活動家とも連携しているんですね。発表の中ではカナダの事例しか挙げなかったのですが。

以上をもって、アイヌ民族の置かれている状況やラポロアイヌネイションの人たちが取り組もうとしていることのためのヒントや方向性が、少しでも見えたのなら幸いです。

ご清聴ありがとうございます。

［参考文献］

•Alaska Federation of Natives. https://www.nativefederation.org/

•Alaska Native Science and Engineering Program (ANSEP). https://www.ansep.net/

•Alaska Native Science Commission (ANSC). "Goals". Viewable at the Alaska Native Knowledge Network: http://ankn.uaf.edu/IKS/ansc.html.

•Conservation Fund (n.d.) Alaska Native Corporation Reaches Agreement To Permanently Protect Over 44,000 Acres Of Globally Important Salmon Habitat. The Shareholders of the Pedro Bay Corporation Approve Plan to Preserve Their Land; The Conservation Fund Launches Fundraising Campaign https://www.conservationfund.org/impact/press-releases/2493-alaska-native-corporation-agrees-to-protect-44-000-acres

•井上 敏昭 「先住民と環境保全をめぐる現代的問題：越境する先住民社会：ユーコン川流域の環境改善に取り組む先住民政府間協議会」『国立民族学博物館調査報告』2011年 97号、141-167.

•Huntington, H.P (2000). Using traditional ecological knowledge in science: methods and application. *Ecological Applications* 10:1270-1274. doi:10.1890/1051-0761(2000)010 [1270:UTEKIS] 2.0.CO;2

•Moncrieff, Catherine and Brian G. Bue (2006). *Natural Indicators of Salmon Run Timing and Abundance.* http://akssfapm.s3.amazonaws.com/APM_Uploads/2006/45732/.pdf/45732_Natural%20Indicators%20of%20Salmon%20Run%20Timing%20and%20Abundance%20Report.pdf

•National Park Service (NPS). "Subsistence in Alaska" . https://www.nps.gov/subjects/alaskasubsistence/subsistence-learn.htm#:~:text=ANILCA%20recognizes%20the%20significance%20of%20traditional%20Alaska%20Native,-natural%20and%20healthy%20populations%20of%20fish%20and%20wildlife.

•Native Conservancy. https://nativeconservancy.org/

•Yukon River Intertribal Watershed Council. https://www.yritwc.org/science

Chapter

4

第 4 回／ 2022 年 3 月 27 日

アイヌ、インディアンとサケ

「鮭は誰のものか！」

萱 野 志 朗

萱野茂二風谷アイヌ資料館館長

◉

「インディアンのサケ捕獲権の歴史と今」

市 川 守 弘

弁護士

萱野志朗　かやの・しろう

1958年、平取町二風谷生まれ。
萱野茂二風谷アイヌ資料館館長。亜細亜大学法学部卒業。亡父・萱野茂元参議院議員の跡を継いで2006年から萱野茂二風谷アイヌ資料館館長。2012年、「アイヌ民族の権利回復と教育の充実」などを目的とするアイヌによる政治団体「アイヌ民族党」の結党を主導し、代表に就任。ラジオ局「FMピパウシ」編成局長兼パーソナリティ。共著書にFirst Fish, First People: Salmon Tales of the North Pacific Rim(1998) など。

アイヌ、インディアンとサケ

「鮭は誰のものか！」

講師／萱野志朗

今日は、「鮭は誰のものか！」ということをお話しする前に、基礎的なことも皆さんと共有して、順番にお話を進めていきます。

1．前館長・萱野茂について

まず前館長、萱野茂についてお話させていただきます。アイヌ民族出身者として初の国会議員（参議院議員1994年～1998年）となりました。日本社会党から比例代表候補（名簿順位11位）として1992年7月に参議院議員に立候補しましたが、次点。1994年7月19日に部落解放同盟の出身者の松本英一さんが亡くなったことにより、8月5日付で萱野茂が繰り上げ当選しました。

二風谷小学校卒でありますが、「アイヌ民族における神送りの研究—沙流川流域を中心に—」に関する論文を書き、2000年に総合研究大学院大学へ提出し、2001年3月、学術博士となりました。

さらに当館と平取町立二風谷アイヌ文化博物館の資料を収集したことが、前館長の功績というか、やってきたことです。

2．萱野茂と鮭とのかかわり

今日、皆様へ紹介したいのは、萱野茂の「罪人にされた父」という文章で、重要なことが書かれています。これは『アイヌの碑』と『イヨマンテの花矢』を合本して復刻された『完本　アイヌの碑』（萱野茂著　朝日文庫

2021）の 80 ～ 81 ページに載っています。

私の父萱野茂の祖母「てかって」がこう言ったと記されている。アイヌ語で読みます。

「シサㇺカラペ　チェㇷ゚ネワヘ　クポホウッワ　カムイエパロイキ　コエトゥレンノ　ポホウタラエレㇷ゚　アコパㇰハウェタアン　ウェンシサㇺウタㇻ　ウッヒアナッ　ソモアパッハウェタアン」

――和人が作った物　鮭であるまいし　わたしの息子がそれを獲って神々に食べさせ　それと合わせて子供たちに食べさせたのに　それによって罰を与えられるとは何事だ　悪い和人が獲った分には罰が当たらないとは　全く不可解な話だ――。

父茂は小学校に入る前の話と言っているので、1926 年生まれで＋ 5 年として 1931（昭和 6 年）ぐらいの話なのです。この本を改めて読み直してみると、この萱野茂の祖母「てかって」は実はアイヌ語しか話せないおばあさんで、自分の息子が密漁のカドで警察に連れて行かれたと、それを見てこう言ったわけです。この「てかって」というおばあさんは 1945 年 1 月か 2 月に、95 歳で亡くなっています。ですから 1850 年に生まれました。江戸末期の嘉永 3 年生まれの人が言っているわけであり、当然鮭を捕って食べる権利というのはアイヌにあったと考えていた。しかし明治時代になって鮭を捕ってはいけないと、一方的に禁漁を押し付けられた。法律なり条例などによって禁止されているわけであって、それが不都合であれば変えればいいだけだ、と私は思っています。

どう考えようとも「てかって」が言っていることが一番正しく正論なのです。鮭というものは和人が作ったものでもなく、アイヌが作ったものでもない、しかし神様にその年最初に捕った魚をお供えして、なおかつ子供達やまわりのおじいさんおばあさん達に振る舞っているのにそれが悪いとは何事だ、と言っているだけです。本当に当然のことだと思うのです。私はいつも思うのですが、法律が一番ではなくて一番は人間だということです。人間が不都合に陥るのであれば、やっぱり法律を変えるべきだと思うのです。

例えば北海道条例の北海道内水面漁業取締調整規則も、やろうと思えば北海道議会で改正すればいいわけで、簡単にできるのです。ただそれをやろうとする人がいるかどうか……。

高橋はるみ知事のときに「220自治体のキャラバン」というのがありまして、当資料館、「萱野茂二風谷アイヌ資料館」にもいらしたことがあります。その時、父は存命でしたがだいぶ体が弱っていたので、資料館は私が案内し、高橋はるみ知事は私の父のところに行って直接話をしたのです。その時に父はこう言いました。

「北海道条例を変えてほしい、今アイヌは学術研究の一環で特別採捕の許可をもらっている。それは豊平川であったり登別川であったり、いくつかのアイヌ協会が特別採捕の許可を得てやっている。しかし学術研究というのはおかしいだろう。少なくともアイヌの伝統的な漁法、または伝統的な食文化継承という特別採捕にしてくれ」と、申し入れたのです。その後、高橋はるみ知事はすぐに北海道内水面漁業取締調整規則を改正し、アイヌの伝統的な漁法または伝統的な食文化の継承・保存という目的に限定し、特別採捕の許可の文言を入れた経緯があるのです。本当であればアイヌに自由に鮭を捕らせてくれ、不都合な条例は変えてくれ、と言っていたのを、私は直接耳にしています。

ですから条例は、やろうと思えば改正できるのです。ラポロアイヌネイションの場合は、もともとそういう権利を持っているのだからそれを当然認めろ、という主張です。

ちょっと主張の仕方が違った方向ではあるけれども、私としては1850年に生まれたおばあちゃんが、1931年に言った話は、当然至極だと思うのです。ですから超法規的に取り扱うこともできるので、やはり人間が一番困っているとするならば、それを変える事が出来るのもやはり人間なのです。条例や法律の改正は、知恵を出し合ってやればいいと考えております。

私の主張は、以上の通りです。ですから、この萱野茂と鮭の関わりで私が言いたいことは、私の父・茂のおばあさん、私の曾祖母「てかって」が言った事は、至極当然だと思うのです。

3．当館の歴史

当館の歴史で、当資料館について皆さんに紹介させていただきます。

1972年、私立の「二風谷アイヌ文化資料館」として開館。1977年に平取町へ移管されました。そして1991年、にぶたにダム湖の近くに「平取町立二風谷アイヌ文化博物館」が仮オープン。当時平取町町営の「二風谷アイヌ文化資料館」の資料はすべて新しい博物館に移されました。1992年3月には旧「資料館」を再利用し、私立の「萱野茂アイヌ記念館」として開館。萱野茂の新たな民具コレクションや、新たに作ったアイヌ民具資料で構成されている資料館となっており、後に「萱野茂二風谷アイヌ資料館」と改称しました。

2002年2月、当館の202点と町立博物館の919点、合わせて1,121点が、国の重要民俗有形文化財の指定を受けました。無形文化財の場合は歌とか踊りなど、形の無いものです。ここで皆さんにぜひお話ししたいのですが、北海道でアイヌ関係の資料を収蔵している館で、国の重要民俗有形文化財の指定を受けている資料館・博物館は3館しかありません。一つは函館市立北方民族資料館で、これは1959年に馬場コレクションというものが指定を受けています。もう一つは北大植物園の中にある北方民族資料室で、丸木舟が一点指定を受けています。その他には平取町立二風谷アイヌ文化博物館（919点）と私が館長を務めている資料館（202点）、2館合わせて1,121点が重要民俗有形文化財の指定を受けています。

4．二風谷ダム裁判について

今日は二風谷ダム裁判の判決が出てちょうど25年目という節目で、今日の北海道新聞にも田中弁護士と貝沢耕一さんのコメントが出ていました。今日はその記念日なのでちょっとだけ話をします。

1997年3月27日に札幌地裁で下された判決で「収用裁決の取消しを求める訴え」でした。判決は訴えを棄却、すなわち原告敗訴です。判決内容で違法なダムであると認定されました。また、訴訟費用は被告負担とするとし、通常は負けた側が訴訟費用を負担しなければいけないのに、この判決では特別に被告負担とするものでした。ですから建設省と北海道と北海道収用委員会が訴訟費用を負担せよ、という判決だったのです。もう一つ、国の機関としてアイヌ民族を先住民族と初めて認定したものでした。

「……アイヌの人々は我が国の統治が及ぶ前から主として北海道に居住し、独自の文化を形成し、……我が国の統治に取り込まれた後も……経済的、社会的に大きな打撃を受けつつも、なお独自の文化及びアイデンティティを喪失していない社会的な集団である……」ので「先住民族」であると、判決にはっきり書かれています。ですから当時、国も先住民族と認めていない、国会でも認めていないものを、札幌地裁の判決で「アイヌ民族を先住民族として初めて認めた」ことで、とても画期的な判決だったと思っています。

5.「北海道旧土人保護法」等、アイヌにかかわる法律について

これまで施行されてきたアイヌにかかわる法律についても、私の感想を述べたいと思います。北海道旧土人保護法（1899（明治32）年法律第27号）について、1994年8月5日に繰り上げ当選した萱野茂は、参議院の内閣委員会において当時の五十嵐官房長官に対して「旧土人とは誰か」と質問し、「旧土人とはアイヌ民族のことを指す」との答弁を引き出しているのです。法律自体は「旧土人保護法」ですから、「旧土人」が誰か、分からないのです。しかし議事録等を調べると、これは内閣答弁ということできちんと裏を取ることができると思います。そして1997（平成9）年7月1日、「アイヌ文化の振興並びにアイヌの伝統等に関する知識の普及及び啓発に関する法律」（平成9年5月14日法律第52号，略称：アイヌ文化振興法）が施行されたことにより、「北海道旧土人保護法」と「旭川市旧土人保護処分法」（昭和9年法律第9号）が廃止されます。

2019（平成31）年の5月24日、「アイヌの人々の誇りが尊重される社会を実現するための施策の推進に関する法律」（法律第16号，略称：アイヌ施策推進法）という法律が施行されました。この法律は、現在内閣官房室で取り扱いをしておりまして、2022年の3月までは年間20億円の予算がありま

す。20億円のうち平取町は5億3千万円の交付金が出ています。この法律も各地方自治体が申請をしなければ交付されないお金で、各自治体がどれだけ内閣官房に対して申請するかによって、この交付金がつくか否かということになっています。

平取町の場合は一般会計でだいたい75億～80億円です。そして病院会計や水道会計をトータルすると101億円の予算がついています。予算額が前年度比5.4％アップしています。私は平取町の町議なので、議会で説明を受けました。5.4％は、100億円で5.4億円なのです。ちょうど「アイヌ施策推進法」によって給付された5億3000万円が、平取町の予算では前年度よりアップしている。ですからこの法律に従って各自治体がお金を獲得してアイヌ文化の振興をする事について、私は反対しません。しかし自治体格差というのが起こっているのはもう確実です。

平取町とか釧路市などでは前々から計画されているのでお金をかなり獲得できていますが、その計画を他の自治体が練ることなく申請をしなければ、いくら時間が経ってもお金はつかない、と。これは本当、みんなで検討しなければいけないと思います。先進地の自治体と後進地域の自治体では全くお金の額が異なってきています。それだけアイヌ文化の振興と言っても、いろいろな形があるのです。例えばアイヌ語とかアイヌ文化保存等の無形文化、そして生活館などのハコモノですね。生活館は社会資本ですから自治体が整備するべきです。それを自治体が交付金を目当てにしてそういう社会資本を整備するというのは、自治体にとってはおいしい話だと思います。これは、私は今後の課題だろうなあと思っています。

6．鮭は誰のものか！

最後にお話ししたいのが、「鮭は誰のものか」というテーマです。私は実は、ワシントン大学から出ている“First Fish, First People: Salmon Tales of the North Pacific Rim”（1998）という本の中に書いているのです。「鮭というのは、本来誰でも自由に利用できるはず」だと。だから動物や人間が平等に活用すべきだし、国が勝手に資源を独占していいのかというようなこと、鮭はみんなで共有する一つの資源だろうということを、私は先住民族という立場で主張しております。ですからラポロアイヌネイションがやっていることは、根本的な考えに合致することだと私は思っています。そこは本来持っている権利だっていうことも当然なのです。

父の書いた本に、「てかって」が「和人が作ったものでもない鮭を、神様と子供たちが食べるために獲ったにも関わらず、それによって罰を与えられるとは何事だ…」とありますが、悪い和人が獲ったのには罰は当たらない。商業として定置網でいっぱい獲って、それをお金に変えても和人は（誰にも）怒られない、なぜなら定置網の権利がある人だけが儲かるようなシステムに、現在はなっているからです。

その制度は先住民族アイヌと話し合って決まったわけではなく、勝手に明治政府が漁業権を設定して、漁業協同組合に入っている人たちに資源を割り当ててお金を分配している。簡単に言うとそういうことです。それが本当に正しいのか、ということを私は常々思っております。やっぱりそこはおかしいのじゃないのかなあと思います。

私の言いたいことは、こういう内容です。これで私の主張を終わらせていただきます。

「インディアンのサケ捕獲権の歴史と今」

講師／市川守弘

最初に、今萱野さんがお話されていたのがこの本です。「First Fish, First People」北太平洋のサケの話という副題がついています。この中には萱野茂さんの話も出てきますし、基本的にアメリカのワシントン州とコロンビア川でのサケとインディアンとの関係、そしてアイヌの人たちのサケとの関わりについてまとめられている、とても良い本でした。僕はこれを20年前に読んだんですけれども感銘を受けました。

今日の話は、一つはアメリカのワシントン州でアメリカインディアンのサケ捕獲権をめぐる争いの歴史のなかで、判決で具体的にどこまでの捕獲数がインディアン側に認められたのか、なぜ認められるようになったのか、そういったアメリカでの歴史を振り返るということでお話ししたいと思います。

この講座の1回目で、そもそもアイヌの歴史の中でアイヌの地域の集団が、サケに限らず排他的な漁猟権を持っている、そしてそれは固有の権利なんだということをお話ししました。今日はその歴史をアメリカに辿って、参考として何が得られるのか、という点を考えてみたいと思います。

実は、差間さん達と一緒にワシントン州でのアメリカインディアンの戦いの歴史や現状を見てきまして、この『サーモンピープル』(かりん舎 2021) という本にまとめてあります。今日の話はこの中の一部ということになります。

■アメリカ大陸における人類の歴史

アメリカの歴史について、おさらいをしておきたいと思います。人類はベーリング海を越えてアメリカ南北大陸に渡ったと言われています。人類は約20万年前にアフリカのエチオピア辺りで初めて生まれたと言われています。しばらくはその周辺、北アフリカの方にいたようですが一部の人類が移動を始めます。ヨーロッパに移動して行ったのが約6万年前、当時ネアンデルタール人がヨーロッパにいて、ホモサピエンスと混血したと言われています。さらに人類がアジア大陸の方に移動してきて、沖縄の遺跡では3万6千年前ぐらいの昔の遺骨が発掘されています。さらに人類はベーリング海を越えてアメリカ大陸に渡って行ったと言われています。

アメリカでの人類の遺物として1万5千年ぐらい前の草で編んだカゴが発見されています。この当時の人々をバスケットピープルと呼んでいます。日本では縄文早期ですね。縄文というのは土器の文様から名づけられ、当時の人々を縄文人と言っていますが、アメリカでは草で編んだカゴの遺物からバスケットピープルと称されているのですね。その当時の人骨が今から20数年前、コロンビア川の河口の河川工事の時に発掘されました。地名を取ってケネウィック人骨と言われていますが、約9千年前の人骨だそうです。

これについては面白い話があって、発掘したアメリカの河川工事の官庁（army corporation）が、地元のインディアン集団に遺骨を返還しようとしたら、科学者の団体が9千年前と今のインディアンの集団とは繋がりが不明であるから返還しないでくれという裁判を起こしたんです。最終的にはその科学者たちの意見が認められたのですが、研究したい時には、そのインディアン集団と協議しながら研究に供されるようになっているようです。

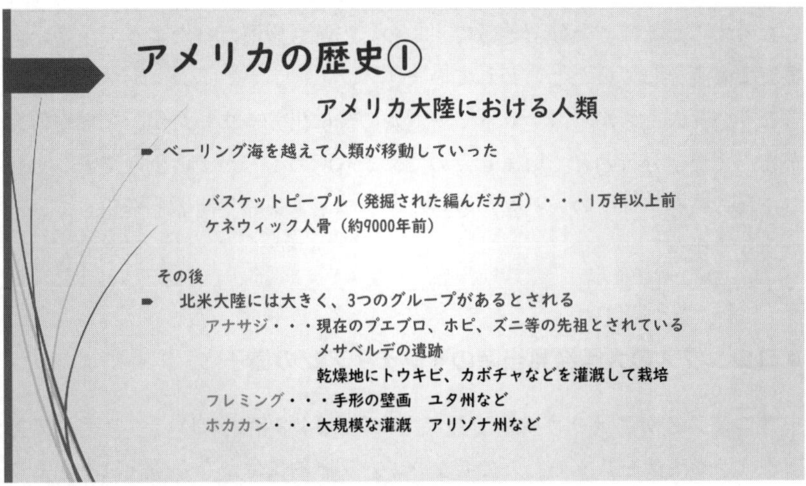

アメリカの歴史①
アメリカ大陸における人類
ベーリング海を越えて人類が移動していった
バスケットピープル（発掘された編んだカゴ）・・・1万年以上前
ケネウィック人骨（約9000年前）
その後
北米大陸には大きく、3つのグループがあるとされる
アナサジ・・・現在のプエブロ、ホピ、ズニ等の先祖とされている
メサベルデの遺跡
乾燥地にトウキビ、カボチャなどを灌漑して栽培
フレミング・・・手形の壁画　ユタ州など
ホカカン・・・大規模な灌漑　アリゾナ州など

アメリカ大陸に渡った人類ですが、その後分かっているのは、北米大陸に大きく3つの先住グループがあったんじゃないかと言われています。一番有名なのはアナサジというグループなんです。現在でもプエブロインディアン、ホピインディアン、ズニインディアンなど、西部の乾燥地にいるインディアンの先祖と言われています。コロラド州にメサ・ベルデという遺跡があるんですが、砂岩でできた何十メートルもの垂直の岩壁に小さな町のようなものを造り、暮らしていました。だから崖の中腹に住んでいたんですね。おとぎの国のようなミニチュアの町の遺跡で、国立公園になっています。それが、ある時期に突然人々がいなくなったと言われています。水が無くなったんじゃないかとか、灌漑していたとうもろこし畑で塩害が発生したんじゃないかとか、いろいろその原因が言われていますが、なぞに包まれています。文化的にはそのアナサジの文化（宗教、生活様式など）が、今のプエブロインディアンやホピインディアンなどに引き継がれているようです。今でも彼らは乾燥地を灌漑してとうきびなどを栽培しています。

アナサジ以外ではフレミング、ホカカンというグループがあったと言われています。フレミングの遺跡では壁画などがまだ残っているのですが、この壁画は赤い手形が塗り付けてありました。たぶん赤い手でぺたぺたと壁にくっつけたんですね。お相撲さんの手形のようでした。ホカカンというのはアリゾナ州あたりに住んでいたグループと言われています。アリゾナは今でもものすごく乾燥した砂漠地帯ですよね。当時も砂漠だったようですが、大規模な灌漑をしていたと言われています。

こういう人たちがバスケットピープルの後に出てきましたが、発掘や研究がまだまだ十分行われていませんので、未解明のことが多いようです。そしてこれらのグループの人たちがさらにインディアンの集団へと変化していったようです。

■コロンブスの大陸発見当時のインディアンの様子

コロンブスがアメリカ大陸を発見した時（1492年）には、インディアンはどういう生活をしていたのでしょうか。文献的にはかなり時代は下がることになりますが、1832年のワーセスター事件での連邦最高裁の判決の中に、次のように述べられています。

まず、アメリカ大陸について、「大きな海洋によってヨーロッパと隔絶された大陸には、ヨーロッパ人とは別の人々が住んでおり、さらに彼らは多くの国家に分かれ、それぞれが独立して暮らしていた。それぞれが組織を持ち、自らの法に従って自らを治めていた」と認められています。これはアイヌの場合にはコタンという集団に該当するものだろうと思います。非常によく似ている形です。

ではワーセスター事件というのはどんな事件かというと、ワーセスターという宣教師が、州法では州の承諾なく勝手にインディアンの土地に入ってはいけないと定めていたのに、インディアン集団の了解だけで入って、それが州法違反ということで逮捕され、4年の重労働の刑罰に処される、という事件でした。この州裁判所の判決に対してワーセスターは、インディアン集団の了解を得ていれば州法は適用されない、と連邦裁判所で争ったのです。その時の判決の一部が先ほどのもので、要は、インディアン集団は一つの国、国家なんだ。だからそこに州の法律は適用されない、ということを明確にした事件でした。これが1832年。日本でいえばまだ江戸時代の判決です。

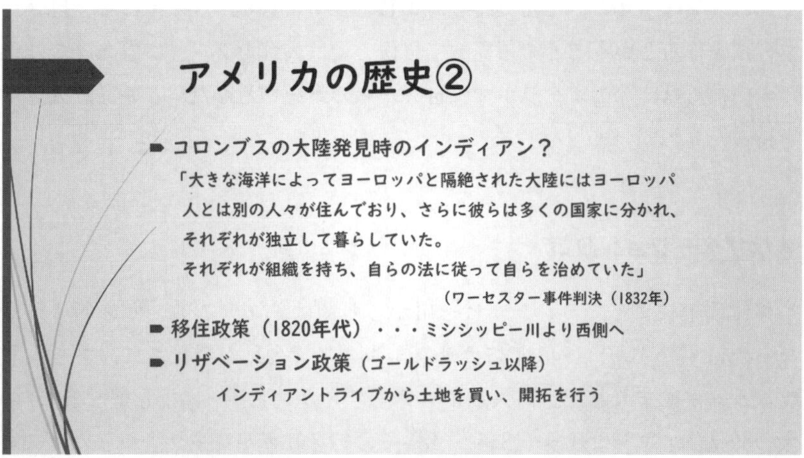
アメリカの歴史②
コロンブスの大陸発見時のインディアン？
「大きな海洋によってヨーロッパと隔絶された大陸にはヨーロッパ
人とは別の人々が住んでおり、さらに彼らは多くの国家に分かれ、
それぞれが独立して暮らしていた。
それぞれが組織を持ち、自らの法に従って自らを治めていた」
（ワーセスター事件判決（1832年）
移住政策（1820年代）・・・ミシシッピー川より西側へ
リザベーション政策（ゴールドラッシュ以降）
インディアントライブから土地を買い、開拓を行う

■インディアン移住政策

アメリカは独立してから数10年後に、急速な白人人口の増加により、インディアンの移住政策が進められました。これは、1820年代に、アンドリュー・ジャクソン大統領による「インディアン移住法」として連邦議会で可決されました。この政策はミシシッピー川の東に住んでいるインディアントライブを、ミシシッピー川の西側に移住させるというもので、10万人を超えるインディアンたちが強制的に移住させられました。チェロキーインディアンの「涙の道」がよく知られていますが、この徒歩による真冬の悲惨な行程は多くの死者を生みました。

これについては去年でしたか非常に面白い判決が出ています。ミシシッピー川より西側、特に今で言うオクラホマ州に、三つの大きな東側のインディアン集団が移住させられました。当時は支配領域も認められたのですが、60年代以降、そのような領域は消滅したとされていたのですが、判決では、それらの集団は今でもオクラホマ州内において一つの主権集団であり、支配領域を有していると認められたのです。これによって州内の半分を超えるインディアントライブの支配地が存在している、と認められました。

それから移住政策当時、アンドリュー・ジャクソンはミシシッピー川から西側はインディアンの政府として認め、その地にいるインディアンが攻めてくれば騎兵隊が守る、とまで言ってました。チェロキー族の中にも、自分たちの州を作るということで積極的に移住を受け入れたグループもあったようです。彼らは、今のオクラホマに自分たちの州を作るんだ、という意気込みを持ったりしていました。

■リザベーション政策

移住政策によってミシシッピー川から西側はインディアンカントリーになったはずですが、1848年にカリフォルニアで金鉱が発見され、ゴールドラッシュが始まりした。白人がインディアンカントリーに押し寄せました。金の発見はメキシコ戦争（1846～48）で、アメリカがメキシコからカルフォルニアやアリゾナ、コロラドなどを取得した数ヶ月後のことでした。そうすると溢れる白人とインディアングループとの軋轢が生じてきます。そこで連邦政府はリザベーション政策を始めていくわけです。

リザベーション政策というのは、まずインディアンの集団から連邦政府が土地を買い取ります。そして、連邦政府が買って残った土地をリザベーションとしてインディアン側に保障するという政策です。日本では一般にリザベーションを保留地とか居留地という訳し方をして、まるで違う土地に連れていかれて強制移住させられるように思いがちですが、確かにそういうケースもゼロではないのだけれども、リザベーションという考え方は、基本的に広大な土地の一部を連邦政府に売り渡して、残った土地、リザーブした土地が——リザーブというのは保存する、保全する、残す、という意味ですが——自分たちインディアン集団の土地だ、ということで、保障するという政策です。インディアンをある意味ではリザベーションに押し込める、ということでもあります。インディアン集団は本当に広大な土地をそれまで持っていたようで、例えばスーインディアンは、今のモンタナ、サウスダコタ、ノースダコタ州からカナダにもちょっと入るような、広大な支配領域を持っていました。それがだんだん買い取られて狭くなって、今は本当に小さないくつかのリザベーションになっています。

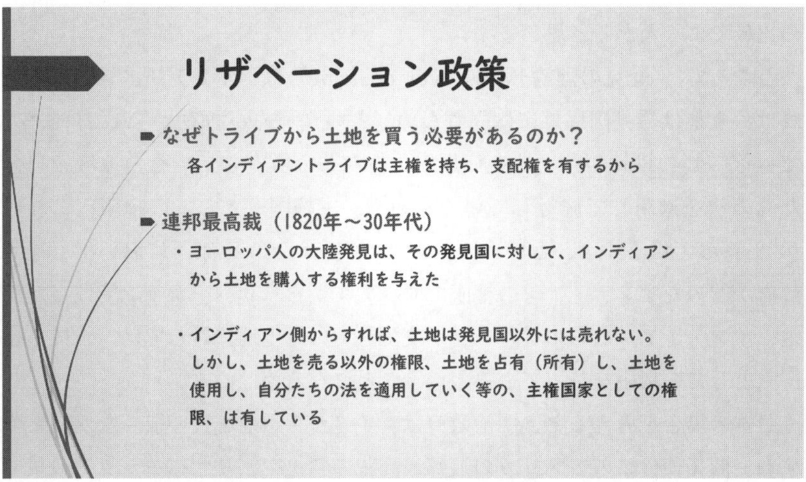

リザベーション政策
なぜトライブから土地を買う必要があるのか？
各インディアントライブは主権を持ち、支配権を有するから
連邦最高裁（1820年～30年代）
・ヨーロッパ人の大陸発見は、その発見国に対して、インディアンから土地を購入する権利を与えた
・インディアン側からすれば、土地は発見国以外には売れない。しかし、土地を売る以外の権限、土地を占有（所有）し、土地を使用し、自分たちの法を適用していく等の、主権国家としての権限、は有している

連邦政府は、基本的にインディアントライブ、集団から土地を買う、ということをやりました。買わなければ、依然白人が入れないインディアンカントリーの土地なんですね。なぜかというと、ワーセスター事件で連邦最高裁が言っているように、各インディアントライブは主権を持って、土地に対する絶対的な支配権を持つ、ということが大前提としてあるんです。だから連邦政府は買い取らないと、その土地を白人側の自由にはできないということがありました。連邦最高裁の複数の判決の中で、ヨーロッパ人の大陸発見は、その発見国に対してインディアンから土地を購入する権利を与えたにすぎない、という言い方をして、発見＝土地支配者だとはしていません（発見の理論）。

ここを、日本と比較してほしいのです。日本では北海道は日本の支配領域であったという人たちがいます。その理由は江戸時代末期に結ばれた日露和親条約で、日本とロシアの国境を択捉（エトロフ）島と得撫（ウルップ）島の間に定めたから、という言い方をするんです。これは明らかに間違っている、ということです。当時の国際的考え方は、国境を定めたりあるいは新大陸を発見したとしても、それはあくまでそこに先住している先住民から土地を購入する権利を得たにすぎない、ということなんですね。だから連邦政府は土地を買わないといけないし、実は独立前のイギリス政府もこの考え方に従って土地を買っていました。日本ではいかに間違った主張をしている人たちがいるということが、この比較でよくわかると思います。

ところで、「発見の理論」（discover doctrine）は、インディアン側からすれば、土地は発見国以外には売れない、という制約があるとされています。でもその制約以外の、土地を使用し、占有し、所有して、その地域で自分たちの法を適用して施行していくという、主権国家としての権限、これは100％持っていますよ、というのが、リザベーション政策下においても連邦政府が認めたインディアンの権限です。ですからリザベーションで残った土地、インディアンたちのグループが支配していた土地に対しては、依然主権国家としての権限を持っているということになるわけです。

日本の場合を考えると、明治政府はアイヌから土地を買い取らなかったですね。開拓使はこのアメリカの連邦最高裁の判決や、リザベーション政策での土地の買い取りを了解していたんです。知っていたにも関わらず、日本ではこういうやり方をとらなかった。これは意図的に侵略したとしか言いようがないということは、１回目にご報告しました。でもこの考え方が、当時の国際法になっていたのです。この後、カナダやオーストラリア、ニュージーランドでも、この連邦最高裁の考え方を全部踏襲しているんですね。ですからこれが、当時の先住民族に対する国際法を作り上げていき、国連先住民族の権利宣言に生きている、と理解していいだろうと思います。

■リザベーションの内と外

次にリザベーションの内と外でどう違うのか、という比較をしてみましょう。インディアン集団はリザベーションの外側の土地を売却しました。これはゴールドラッシュで白人がいっぱい入ってくるわけで、彼らとの軋轢を避けるためには土地を売らざるを得なかった、という面がありました。トライブの支配地の一部を連邦政府に売らざるを得なかった。これはあくまで連邦政府とトライブとの条約という形で行われていきます。条約によってどこからどこまでは連邦政府は買い取りますよ、それに対する代償として何々をインディアン側に渡しますよ、という契約を結んでいくわけです。それで残っ

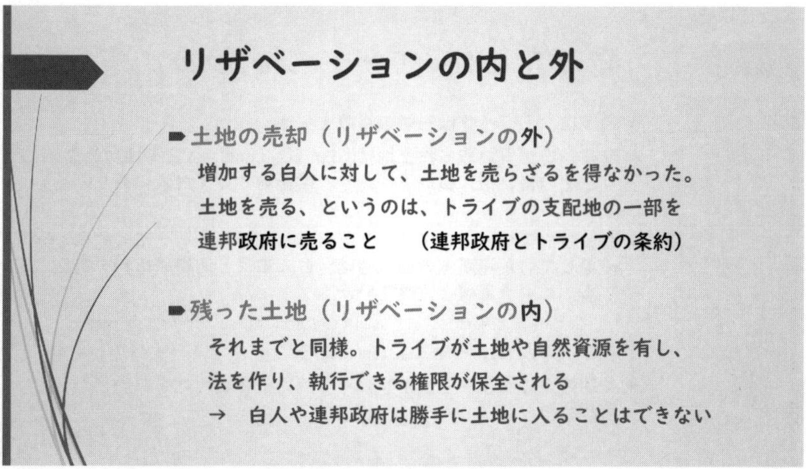
リザベーションの内と外
土地の売却（リザベーションの外）
増加する白人に対して、土地を売らざるを得なかった。
土地を売る、というのは、トライブの支配地の一部を
連邦政府に売ること　（連邦政府とトライブの条約）
残った土地（リザベーションの内）
それまでと同様。トライブが土地や自然資源を有し、
法を作り、執行できる権限が保全される
→　白人や連邦政府は勝手に土地に入ることはできない

た土地、そのリザベーションの内側というのは、それまでと同様にトライブ自身が土地や自然資源を有し、法を作り、法を執行できる権限が保全されている。だから白人や連邦政府は勝手に土地に入ることはできない。あくまでインディアン集団の承諾がないと土地に入れない、ということです。僕らの年代の人は、昔「ローハイド」というテレビドラマをご存知と思いますが、インディアンカントリーに勝手に入っていくことはできないんですね。攻撃される事を覚悟で入らなきゃいけない。ローハイドではそういう場面がよく出てきました。

■売った土地（リザベーションの外）

売った土地（リザベーションの外）については、通常はトライブは一切の権利を失います。失った後、連邦政府の土地としてPublic Land（公有地）という土地の区分になります。このPublic Landに対して、例えば連邦議会で議決して州の土地にしたり、国立公園にしたり、開拓地として白人に売り渡したりしていきます。Public Landにならない限りはあくまでインディアンカントリーなんですね。連邦政府が買い取ることによって、はじめて白人が政府から買い取ることができることになります。

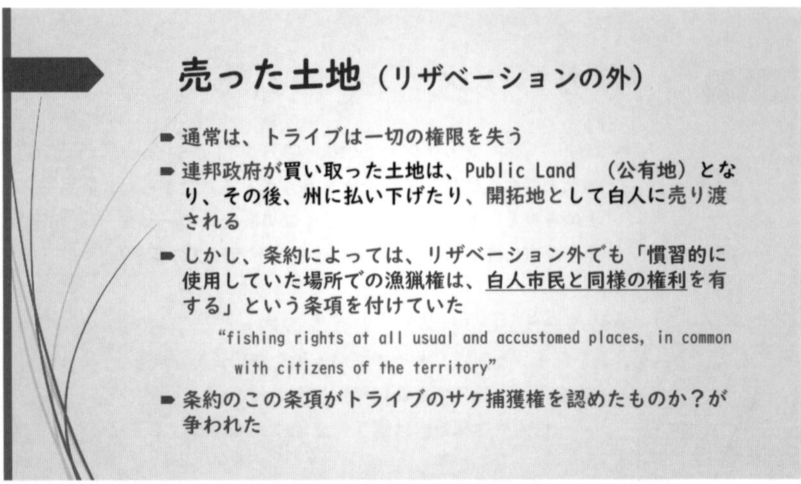

売った土地（リザベーションの外）
通常は、トライブは一切の権限を失う
連邦政府が買い取った土地は、Public Land　（公有地）となり、その後、州に払い下げたり、開拓地として白人に売り渡される
しかし、条約によっては、リザベーション外でも「慣習的に使用していた場所での漁猟権は、白人市民と同様の権利を有する」という条項を付けていた
"fishing rights at all usual and accustomed places, in common with citizens of the territory"
条約のこの条項がトライブのサケ捕獲権を認めたものか？が争われた

先ほどの、開拓使は知っていたというのは、このPublic Landで公有地の一部を白人に払い下げしてますよということを、ケプロンの報文で開拓使はもう明治5年に了解してました。にも関わらず明治政府は勝手に国有地化宣言をしたんですね。アメリカではちゃんと公有地にして白人に払下げしていくということを、順序立てていきました。

インディアントライブは、売った土地では一切の権限を失うんですが、ただ中には、リザベーションの外でも「慣習的に使用していた場所での漁業権は、白人市民と同様の権利を有する」、という条項をわざわざつけていた条約がいくつかあります。

全部同じ定型文なんですが、“fishing rights at all usual and accustomed places, in common with citizens of the territory”「慣習的に使用されていた場所での漁業権は、白人市民と同様の権利を有する」――in common withというのが、市民（citizens）と同様に権利をもつという意味になります。territoryというのは、アメリカの連邦政府の支配地という理解です。territoryが州に格上げされていくんです。昔の古いアメリカの地図なんか見ると、コロラドもコロラドテリトリーという表現になっています。何でcitizensなのかなと考えたこともあるのですが、僕の推測ですが、当時アメリカ市民でcitizenに入らない人たちというのは奴隷なんですね。だから奴隷を抜かすという意味じゃないかな、と思いました。ただ南北戦争の後で奴隷制は廃止されましたし、territoryという連邦支配地では奴隷制は認めていませんでした。なので最終的にはよく分かりません。インディアン以外という意味なのかもしれません。

■売り渡した土地でのサケ捕獲は…？

問題は、条約のこの条項によってどういう権利がインディアントライブ側に認められたのか、というのが争われたんです。白人と同じというのはどういう権利だ、ということなんですね。例えば今の条項で、売り渡した土地でサケを自由に捕獲できるか、という問題です。

ヤクマインディアンはワシントン州のコロンビア川の支流域に支配地を

持っているインディアン集団ですが、1859年に連邦政府と条約を締結して土地を売り渡しました。その売り渡した土地にある川で、昔からサケを捕獲していた。いいですか。土地を売り渡しました、リザベーションの外です、でもその外にある川で昔からサケを捕獲していて、売り渡した当時も、シーズンには自由にその土地に入って季節小屋を建てて、サケを捕獲し、干していた。そういう土地がありました。

その後、ウィナンスという白人が連邦政府からこの土地の払い下げを受け、買い取りました。土地を取得したウィナンスは、サケを捕獲にきたヤクマインディアンを追い出したんです。これは、私有地に勝手に第三者が入るのを拒否して追い出すことができる、という憲法上の財産権に基づく権利として、ウィナンスはその土地に来たインディアンを追い出す権利もあるのではないか、ということで問題になったんです。

ヤクマインディアンの人々には、ウィナンスのこの土地を通行して仮小屋を立てて、サケを干す権利があるのか、というのが一番の争点でしたが、その根拠としては、そもそもインディアン集団には fishing rights がある、ということでした。そこが問題になりました。

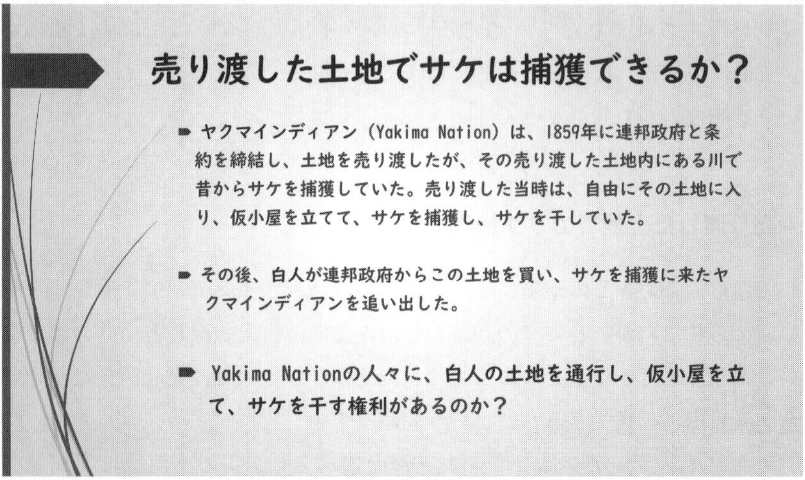

売り渡した土地でサケは捕獲できるか？
ヤクマインディアン（Yakima Nation）は、1859年に連邦政府と条約を締結し、土地を売り渡したが、その売り渡した土地内にある川で昔からサケを捕獲していた。売り渡した当時は、自由にその土地に入り、仮小屋を立てて、サケを捕獲し、サケを干していた。
その後、白人が連邦政府からこの土地を買い、サケを捕獲に来たヤクマインディアンを追い出した。
Yakima Nationの人々に、白人の土地を通行し、仮小屋を立て、サケを干す権利があるのか？

■ウィナンス判決（1905）

これについて連邦最高裁は、1905年にウィナンス判決を出しました。この1905年というのは、日露戦争の講和条約がルーズベルトの仲介でポーツマスで締結される年ですね。もうその年に、こういうサケに関する連邦最高裁の判決が出ています。

連邦最高裁はインディアンの権利、ここでいう漁業権（fishing rights）は、条約などによって与えられた権利ではなく、もともとインディアンの生存のために必要不可欠なものとして認められる権利なのだと認めました。したがってリザベーションの外においてもトライブに漁業権は保障されている、という判決です。つまり漁業権は条約などによって与えられた権利ではなく、先住民族の固有の権利なんだということを認めた、ということになります。

判決（ウィナンス判決・1905年）
判決では、
インディアンの権利は、条約などによって「与えられた権利」ではない。
インディアンの生存のために必要不可欠のものである。
リザベーションの外においてもトライブに漁猟権は保全されている。
（但し、排他的権利としてではない）
土地通行権、使用権も当然認められる。
固有の権利を認める。

日本では憲法に規定がないからアイヌのサケ捕獲は認められないんじゃないか、ということを言う著名な法学者もいます。しかし先住民族の権利は、憲法や条約、あるいは国際法によって与えられた権利ではない、ということなんですね。それをはっきり1905年の連邦最高裁は言ってるんです。先ほどのfishing rightsというのはインディアンに固有の権利であって、ただ他

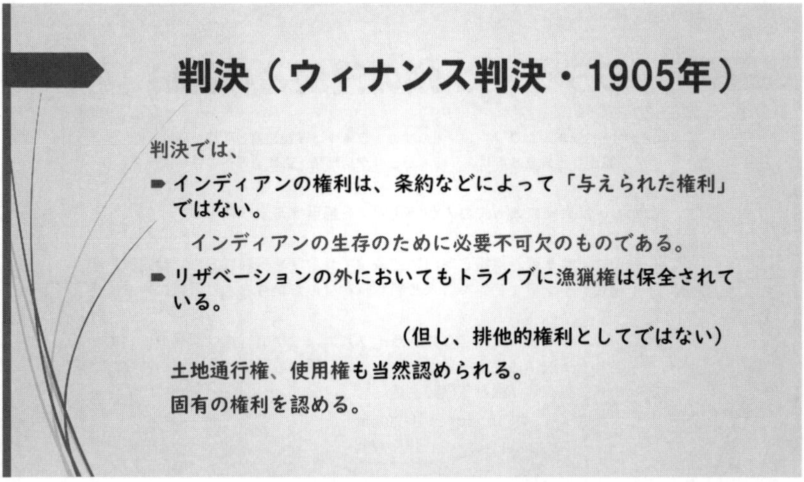

の白人と同等にと言ってるのは、白人市民を追い出してまで認められる排他的なものとしてではないんだけれども、つまり排他的権利というのはこの条約で放棄はしたけれども、でも依然固有の権利としてインディアンには漁業権がそもそもあると認めたのです。漁業権、サケを獲る権利がある以上、サケを獲るために白人の土地を通行する権利も、その土地に小屋を建てて、干場を作って使用する権利も認められなければいけない、という判決だったんですね。ここでは条約で言っている fishing rights がどういうものなのかが争われました。ただこの in common with citizens「他の市民と同等に」、という点についてはあまり触れられなかった判決ですが、ウィナンス判決というのはやはり権利の固有性を認めたという点で、非常に重要な判決でした。

■ワシントン州の規制との闘い

この判決を受けたあと、しばらくはワシントン州のインディアンの人たちは自由にサケを獲っていました。あんまり白人も入ってきていないので揉めていませんでした。それでも条約だけは結んだんですね。なぜなら、ワシントンテリトリーが州に格上げになる為には、ワシントン州内にいるインディアンの人たちと条約を結んで、明確に土地の争いを避けておく必要があった

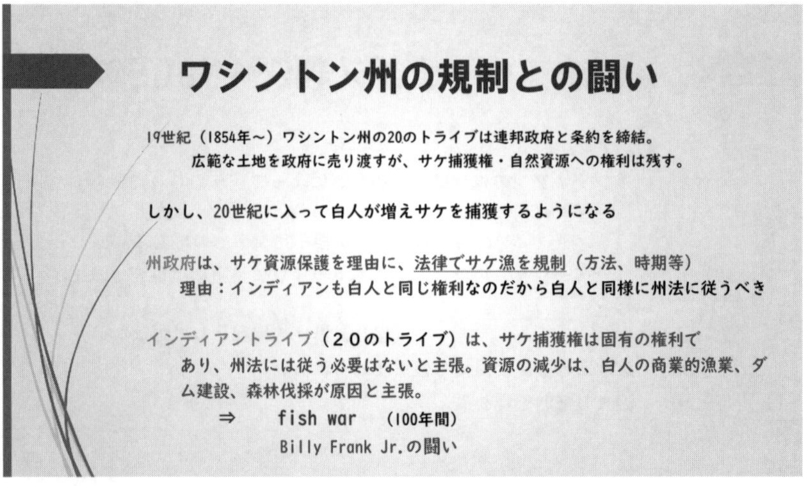
ワシントン州の規制との闘い
19世紀（1854年～）ワシントン州の20のトライブは連邦政府と条約を締結。
広範な土地を政府に売り渡すが、サケ捕獲権・自然資源への権利は残す。
しかし、20世紀に入って白人が増えサケを捕獲するようになる
州政府は、サケ資源保護を理由に、法律でサケ漁を規制（方法、時期等）
理由：インディアンも白人と同じ権利なのだから白人と同様に州法に従うべき
インディアントライブ（２０のトライブ）は、サケ捕獲権は固有の権利であり、州法には従う必要はないと主張。資源の減少は、白人の商業的漁業、ダム建設、森林伐採が原因と主張。
⇒ fish war （100年間）
Billy Frank Jr.の闘い

からなんです。1854年から2～3年の間に、アイザック・スティーブンス準州（テリトリー）長官がワシントン州の20のトライブと5つの条約を締結していきました。その結果インディアントライブは広範な土地を連邦政府に売り渡しましたが、先程のヤクマインディアンと同じように、サケ捕獲などの漁業権はin common with citizens「白人と同等の権利を持つ」、ということで漁業権を認めさせていったということになります。

20世紀に入りました。白人がどんどん増えてサケを捕獲するようになりました。このサケの捕獲というのは尋常でなくて、wheelホイールという、千歳のインディアン水車のようなものを設置して川をせき止めて、登ってくるサケをどんどんどんどん獲っていくというような形で、サケの乱獲も増えていきました。そうするとワシントン州政府は、一つはサケ資源が枯渇するということを理由にして、どんどん州法でサケ漁そのものを規制していくようになります。これは漁猟方法、例えばホイールは駄目だとか、さし網は禁止するとか、時期もサケが遡上する時期の一部の時期に限るとか、許可を必要とするとか、非常に細かく規制を始めました。

■ Fish Wars

この時に州政府の取った立場が、条約を結んでいてもインディアンも白人と同じ権利しか持たないんだから、白人と同様に州法の規制を受け、州法に従わなければならない、というものだったんですね。先ほどの条約の解釈の問題です。インディアンの20のトライブはサケ捕獲は固有の権利だと、ウィナンス事件で最高裁が認めたんだ、だから州法には従う必要はない、と主張しました。資源の減少は白人の商業的漁業、あるいはダムを建設して自然産卵床を壊したり、あるいは森林伐採が行なわれてこれも自然産卵床を壊している、と主張しました。このダムについては後で問題にするエルワダムとか、森林伐採ではワシントン州やオレゴン州にはオールドグロウフォレストという大天然林が広がっていて、ものすごく森林資源があるところで、伐採が盛んに行われています。少なくともインディアントライブとしては、サケ捕獲というのは固有の権利だと、自然資源の減少は白人側に問題があるんだ、という主張をしました。この争いは「Fish Wars（魚戦争）」というサケをめぐる大きな争いとなりました。

先程の『サーモンピープル』という本でも、このFish Warsについて触れています。特に先頭に立って戦ったのがBilly Frank Jr.で、「密漁」したとされて50回以上逮捕され留置所につながれたという人です。今はもう英雄です。ものすごい英雄です。アメリカの歴代大統領もBilly Frank Jr.には敬意を表しています。この戦いでは、先ほどのin common with citizens——この条項の意味が問題になったんですね。

※スライドをみて説明

地図を出しておきました。Billy Frank Jr.はニスクアリーリバーというところのサケの捕獲を問題にしています。マカとか、ローワーエルワクララムとかSkokomish、Puyallup、Nisqually、Tulalip……これらが全部トライブなんです。これが20まとまって、今、北西インディアン漁業委員会というのを作っています。ですから、いわばこのカナダとの国境のこの海とこの湾を巡っての漁業権をめぐる争い、と理解してください。先ほどのヤクマインディアンというのは同じワシントン州の確かこの辺に位置するもので、今問題にする条約のグループには入っていません。別のグループの条約になります。

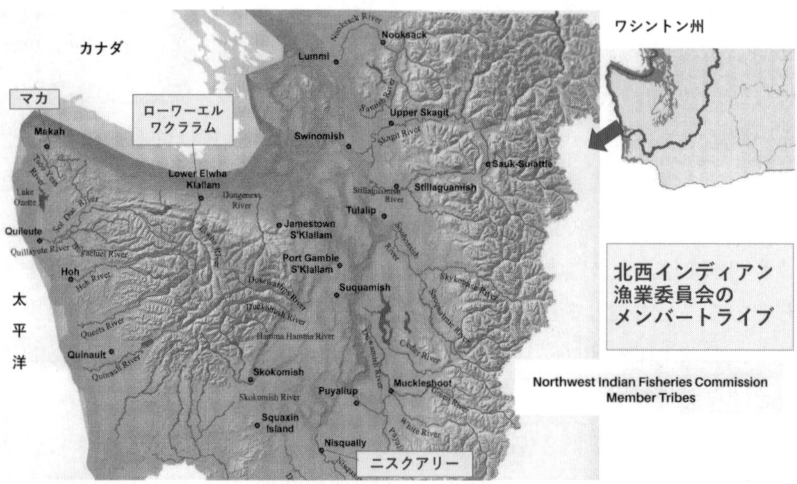

[Billy Frank Jr. とその妻]

この人が若き日のBilly Frank Jr.です。この人が奥さんですね。

[催涙ガスをまいて弾圧する州警察]

ヘルメットをかぶった州兵が来て、催涙弾をどんどんインディアン目がけて打っています。この時マーロン・ブランドという有名な俳優が、インディアン側に立って抗議する、ということもありました。

[トライブのロゴ]

20のトライブがそれぞれ自分たちのマークを持っているんです。この図柄を旗にしてトライブの国旗を作っています。こういうマークはいろいろなところにあって、これはマカですね。

■条約の解釈をめぐる法廷闘争

話を戻しますと、19世紀にワシントン州（当時はワシントンテリトリー）と20のインディアントライブ間で合計5つの条約が締結されています。この数でも分かるように、複数のインディアングループで1つの条約を締結しています。このFish Warsでは、先ほどの「漁業権（fishing rights）というのはリザベーションの外であっても白人市民と同様の権利を有する」、と規定されているin common with citizensの「白人市民と同様の権利」の意味とは何なのか、ということで法廷闘争が行われました。そして1974年、これに対して連邦地裁でボルト判決（Boldtは判事の名前です）というのが出されました。

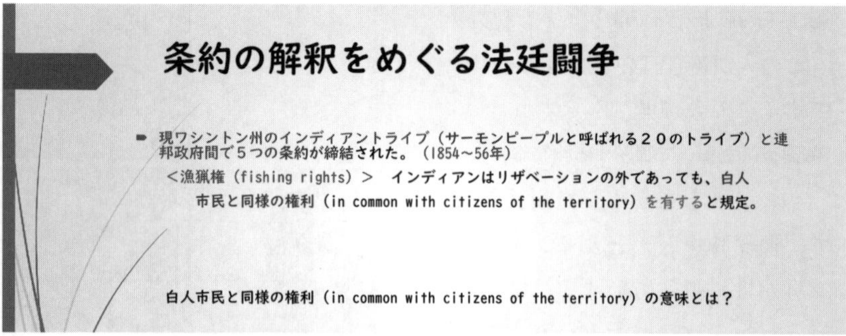

条約の解釈をめぐる法廷闘争
現ワシントン州のインディアントライブ（サーモンピープルと呼ばれる２０のトライブ）と連邦政府間で５つの条約が締結された。（1854～56年）
＜漁猟権（fishing rights）＞　インディアンはリザベーションの外であっても、白人市民と同様の権利（in common with citizens of the territory）を有すると規定。
白人市民と同様の権利（in common with citizens of the territory）の意味とは？

ちなみに、この時訴えを起こしたのは誰か、というのも触れておきたいと思います。多くの人たちは、日本でラポロアイヌネイションが起こしている裁判と同じように、Billy Frank Jr. をトップとするインディアントライブが原告として、ワシントン州を相手に訴えを起こしたんだろう、と考えていると思います。しかし違います。この事件は連邦政府が、ワシントン州を相手に、インディアン側に立って訴えを起こしています。先ほどのウィナンス事件も実はそうなんです。

これはなぜかと言うと、連邦政府は弱い立場のインディアングループを守る義務がある、その信託を受けている、つまりインディアンの権利を侵害されないようにインディアングループからの信託を連邦政府は受けているのだ、という考え方があるんですね。これは先程の1920年代から30年代の連邦最高裁の判決（Cherokee vs Georgia）で示されたもので、それを元にして導き出されてきた考え方です。この連邦最高裁判決では、インディアントライブは独立国家ではなくアメリカ合衆国内の集団である（domestic dependent nation）、ということにされました。ward という言い方もされますが、国が保護者でインディアンは保護される民ということです。

この最高裁判決について、日本の憲法学者には、アメリカでは要するにインディアンは低い地位に置かれて、アメリカ政府からの指示というか、支配下にある、というように捉える人もいますが、決してそうではありません。連邦政府は保護者である、だから保護者としてインディアンの権利が侵害されないようにする義務を負うという、一種の信託を受けてるんだ、という理解に立っています。

その結果、司法省は他の省庁相手、あるいは州を相手に、インディアンの権利を守るために訴えを起こすということが行われています。日本でもこれ、ぜひやってほしいですよね。法務省の人間が、今回でいえば水産省と北海道を相手に、ラポロアイヌネイションのために訴えを起こしてほしいです。日本では考えにくいんですが、アメリカではそれが当たり前になっています。

■ボルト判決（1974）

原告連邦政府・対・被告ワシントン州の事件について、1974年に判決を下した判事の名前がボルトと言ったので、このサケ捕獲権判決はボルト判決ということで有名になりました。

ボルト判決（1974年）
トライブとの条約の解釈方法
条約締結時にインディアンがどう理解したか？
白人側は法律専門家、交渉時の言語は意思疎通するには不十分（約300の単語のみ）
→ 条約は、インディアンに有利に解釈すべきである
サケの捕獲権を失えば、インディアンは「生きていけない」
条約のサケ捕獲権条項は、条約によりリザベーション外の土地や資源を失うインディアンの不利益からすれば、インディアンの食料としてのサケの確保を認めたものである。
従って、サケ捕獲権条項は、リザベーションの外でもインディアンに白人と同じ権利があると保障している。
「同じ権利」とは、「白人と平等の機会」であるとし、
伝統的慣習的漁場の漁獲高の50対50と解すべきであるとした。

この判決では、連邦政府とトライブとの条約をどう解釈するのかという解釈方法について、まず確認しています。判決では、条約締結時に、インディアンがその条約の言葉をどのように理解したかに従って、解釈すべきだとしました。なぜなら白人側はワシントンDCから出張してくる法律専門家であると、そしてワシントン州のインディアンの言葉というのはちゃんと理解できてないし、インディアン側も法律の専門語を理解していないから、ということです。交渉時は本当に不十分な言葉を使って交渉していた。双方が共通

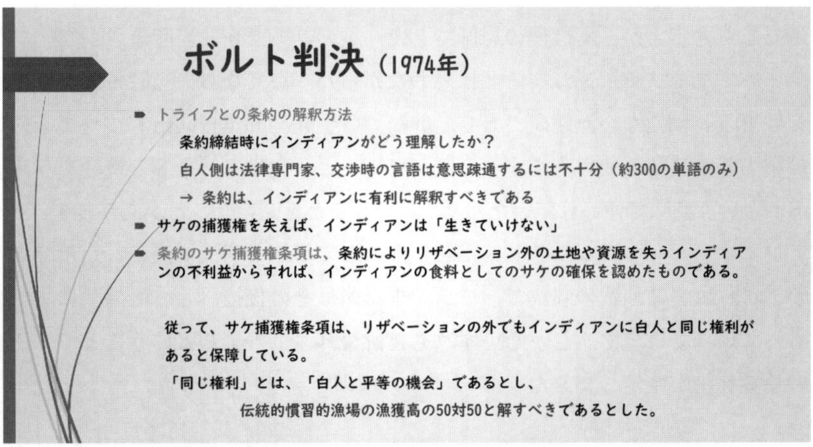

言語としてシヌークジャーゴン（chinook jargon）という言語、これは300ぐらいの単語しかないようですが、そういう言葉を使って条約の交渉をしたというんですね。だからそもそも意思疎通するには不十分であった。こういうことを考えれば、条約というのは、まずインディアンに有利に解釈すべきだということを、この判決は言っているのです。

次にインディアントライブがリザベーション外でサケ捕獲権を失ってしまえば、もはやインディアンは生きていけない、という点を認めました。大部分の土地を白人に売り渡してしまって、残りの土地で生きてはいけない——これはもうはっきりしてるわけで、このように考えていけば当然、その「白人と同等の権利を有する」というのは、土地や資源を失うインディアンの不利益、生きていけないという不利益に対して、インディアンの年間を通じた食料としてサケの確保を認めたものなんだと、判決では言っています。とすると「インディアンと白人と同等に」という言葉の意味は、リザベーションの外でもインディアンに白人と同じ権利があるとする、その「同じ権利」とは、白人と平等の機会を持っているという意味で、少なくとも白人とインディアントライブとの間では伝統的・慣習的漁場で、漁獲高の50対50、フィフティー・フィフティーという意味であり、つまり機会が平等であると解すべきなのだ、ということなんですね。

当時、インディアン側の漁獲高は10%いってませんでした。この時に、インディアン側の弁護士として連邦政府と一緒にワシントン州を相手に法廷で対立した弁護士が、実は僕の恩師でした。彼の話ですが、当時まさかフィフティー・フィフティーになるとは思わなかった。なぜなら、当時インディアンは10%に満たない漁獲高であったから。でもin common withについて条約締結当時の英語の使い方をずっと調べていくと、やはり「平等の機会を与える」という意味で使われていたんだ、ということを聞いたことがあります。

フィフティー・フィフティーだということでボルト判決で決まったんですが、これは連邦地裁の判決で、ワシントン州はその後控訴して最高裁にまでもっていっています。しかしいずれも控訴棄却、上告棄却ということで、この地裁判決が確定しました。

■インディアントライブの現在

こういう判決を受けて、今、インディアントライブはどういう状況になっているかというと、もう権利があるかどうかではなく、権利があることを前提に自然資源の管理の問題に移ってきています。

まず、判決で示された50対50を守るために、20のトライブで北西インディアン漁業委員会を作って政府や州政府と交渉しつつ、全漁獲高を決めて、トライブ側の捕獲数を遵守するようにしています。つまりまず毎年トータルの全漁獲高を決めるわけです。それからフィフティー・フィフティーですから半分に割ってインディアン側の漁獲高を決めます。それをさらに20のトライブに割り振って、抜け駆けしてちょっと増やして獲ったりしないように、インディアン側でしっかり自分たちを相互管理しているということでした。

次に、サケ資源が枯れてしまってはインディアンのサケ捕獲権というのは絵に描いた餅になってしまう。だからまずサケ資源の管理を徹底してやるんだということです。差間さんと数年前訪問した時には、もうトライブ自身がそのために白人の生態学者を雇用して、サケ資源保全のための研究をしています。

インディアントライブの現在
➡ 資源の管理
① トライブが白人の生態学者を雇用してサケ資源保全に取り組む
② 50対50を守るために、北西インディアン漁業委員会（NWIFC）を作り、政府と交渉しつつ、トライブ側の捕獲数を遵守
③ サケ以外の魚類、貝類も同じく50対50とした
ダムの撤去（エルワ川）・・自然産卵床の保全

さらにサケの産卵床を確保するためにダムの撤去をしました。エルワ川という川に二つの大きなダムがありました。ダム撤去で悪影響があるかない

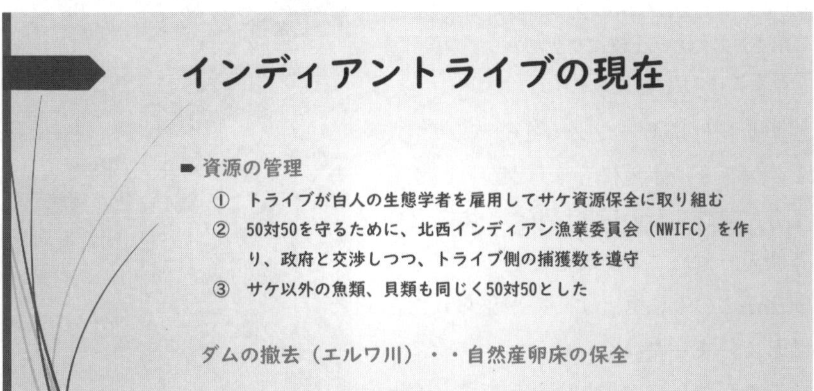

か、撤去方法を検討した上で、1992年に撤去するとクリントン政権が決めました。最終的に約20年かけて、2つのダムは撤去されました。これは今まで自然保護の視点で注目されていたのですが、実は自然保護団体とともに、ローワーエルワクララムトライブというエルワ川の下流に支配領域を持っているトライブも、サケ資源保全ということで一緒になって闘ったダム撤去のプロジェクトです。なぜダムを撤去するかというと、サケの遡上を確保し、上流部での自然産卵ができるようにするということです。そして、撤去に成功し、今はキングサーモン（シヌークサーモンと言います）が遡上しています。

[スライド：トライブの捕獲数を厳守するために、港で漁獲したサケやオヒョウを計量する]

ここはマカトライブで、獲ってきたサケを水揚げしているところです。ここに秤があって一匹一匹重さを測ってます。それで大中小に分けながらマカがどのくらいのサケを獲ったか、捕獲数をチェックしています。

[スライド：エルワ川の2つの巨大ダムを撤去し水を流したら、上流にサケが少しずつ戻りつつあるという]

エルワ川にあったダムを撤去したら、この大きな淡水地にもう草が茂り、水も十分に流れる昔の川に戻りつつあるという状況です。ダムを壊した翌年に、もうサケがこの上に遡上するのが見られたと話していました。

ここが壊して撤去した部分です。もと

もと急流の狭まったところにダムを造ったんですが、撤去しました。ここは湖面だったところで、今これだけ草が生えています。この時は撤去してまだ5年経っていなかったと思います。

[スライド：土砂がたまり生態系が戻りつつあるエルワ川河口]

これが河口です。実はこの写真を撮って立っている場所まで海だったそうです。砂が流れていかないのでどんどん浸食されてきたんですが、ダムを撤去することによってこれだけまず陸地が増えた。当然水鳥も来れば、大きな動物グリズリーなんかも来て、サケを獲ったりするんでしょうね。一気に自然が回復し始めていると言っていました。

■アイヌ集団（コタン）が学ぶこと

さあ、それでこういうアメリカの歴史からアイヌ集団（コタン）が学ぶことは何だろうか、ということを整理したいと思います。先ほども言いましたが、アイヌは明治政府に対して土地や自然資源を売ってませんね。これは萱野茂さんがよく言っていたことですが、「アイヌは和人に土地を売った覚えもなければ、貸した覚えもない」と。まさにそのとおりなんです。アイヌは明治政府に対して土地や自然資源のサケを条約によって売ってはいないの

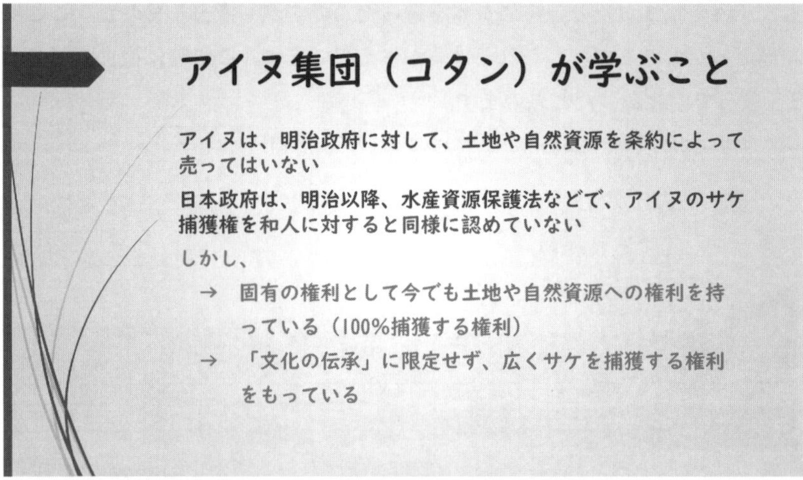

に、日本政府は明治以降、今では水産資源保護法で明確にサケの捕獲は禁止されています。和人と同じだからという理由で禁止しています。国は和人と同様に認めていないのだから問題はない、と居直っています。しかし、間違った法律、悪法は正さなければいけない。法律では認めていなくても、先住民族の権利宣言でも言っているように、サケ捕獲権は先住民族の各集団の固有の権利であり、憲法や法律や条約で与えられるものではないのです。だから、水産資源保護法で認めていないからといって否定されるものではなくて、ウィナンス判決がいうように、もともとアイヌ集団が持っている固有の権利だということです。

アイヌ集団（コタン）が学ぶこと
アイヌは、明治政府に対して、土地や自然資源を条約によって売ってはいない
日本政府は、明治以降、水産資源保護法などで、アイヌのサケ捕獲権を和人に対すると同様に認めていない
しかし、
→ 固有の権利として今でも土地や自然資源への権利を持っている（100%捕獲する権利）
→ 「文化の伝承」に限定せず、広くサケを捕獲する権利をもっている

日本では、条約がない以上、アメリカと違って100%サケを捕獲する権利を持っていることになります。逆に言うと和人が今獲っているサケは、違法にアイヌからサケ資源を奪っていることだ、とも言えるんですね。文化伝承のために許可を得てサケを獲ることまでは今認められてきたけど、固有の権利であれば、文化伝承に限らず食べるために、売って生計を立てるためにもサケを捕獲する権利を持っているんだ、ということだろうと思います。このことを、今言ったアメリカの話から学べるのではないかと思いました。

[スライド：浦幌十勝川河口]

これは浦幌十勝川河口で、むこうが太平洋です。ラポロアイヌネイションの皆さんが、刺し網でサケを獲ってます。これは知事の許可を得た特別採捕として獲っているのですが、最初刺し網で認めるかどうかで、道職員がけげんそうな顔をしていたんですね。アイヌがサケを獲るって言ったらマレックでしょ、という雰囲気で……。だけど職員は間違っているのですね。

[スライド：2021 年秋]

これがその時の様子ですね。丸木舟を造ったので、丸木舟にボートをくっつけてエンジンで移動はしています。これも特別採捕ですね。本来であればボートで自由に獲りたいという思いを、ラポロの皆さんは持っているんだろうと思います。

これは去年のアシリチェップ・ノミの様子ですね。アシリチェップ・ノミなどの伝統儀式のためにサケを捕獲することは、特別採捕の許可条件として

認められたんですね。だけどアシリチェップ・ノミって、その年獲れるサケを祝って、その年の豊漁を祈る儀式だと聞いています。儀式だけでその後の漁は全然認められていないというのが大きな矛盾だと、僕は思います。

[スライド：副葬品と石碑]

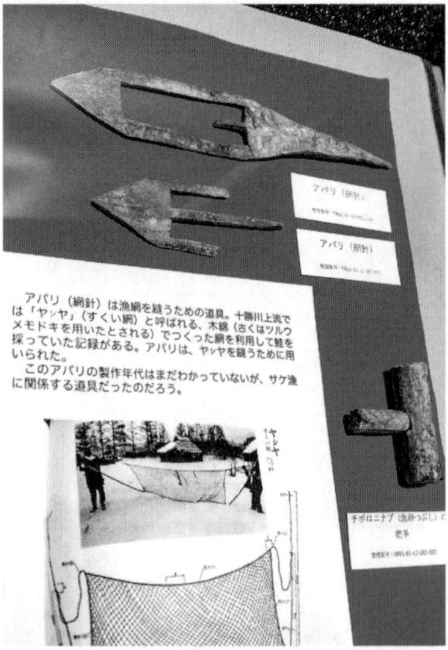

アパリ（網針）は漁網を縫うための道具。十勝川上流では「ヤシヤ」（すくい網）と呼ばれる、木綿（古くはツルウメモドキを用いたとされる）でつくった網を利用して鮭を採っていた記録がある。アパリは、ヤシヤを縫うために用いられた。
このアパリの製作年代はまだわかっていないが、サケ漁に関係する道具だったのだろう。
ヤシヤ

これは副葬品で出てきたものです。北大から遺骨とともに返還された、網を修理する「アバリ」という道具なんですね。ということは昔からアイヌの人は、少なくとも十勝川河口では刺し網をやってたはずだということで、道職員に刺し網漁を認めさせたということです。

これは刺し網ではないですが、こういう漁もやってましたよという、これは博物館に展示されている時の資料写真です。

これは先祖の遺骨を再埋葬した墓地に、ラポロアイヌネイションが去年の８月に立てた石碑です。このロゴはラポロアイヌネイションのものです。先ほどのワシントン州のインディアントライブに負けず劣らず立派なロゴじゃないかなと思います。

私の話はこれで終わらせて頂きます。ありがとうございました。

Chapter 5

第 5 回／ 2022 年 5 月 1 日

北欧先住民族サーミに見る先住権：川と陸の資源と管理

加藤博文

北海道大学アイヌ・先住民研究センター長

加藤博文　かとうひろふみ

1966年、北海道夕張市生まれ。
筑波大学大学院地域研究研究科、島根県立大学北東アジア研究センターを経て、2001年から北海道大学大学院文学研究科北方文化論講座で考古学を担当。2010年10月から北海道大学アイヌ・先住民研究センターにて考古学担当教授。2020年4月からセンター長を兼務。「先住民族の遺骨返還—海外における先住民考古学としての取り組み—」（北海道大学アイヌ・先住民研究センター）ほか著作多数。

北欧先住民族サーミに見る先住権：川と陸の資源と管理

講師／加藤博文

はじめに

今日は北欧の先住民族であるサーミの人たちを取り巻く資源の問題について、「北欧先住民族サーミに見る先住権：川と陸の資源と管理」というテーマでお話をさせていただきます。

私の本来の専門は考古学という領域でありまして、法律学、特に憲法と先住権等々の専門家ではありません。しかし先住民族に関する世界的な動向を調べておりますと、先住民族の歴史や文化遺産の問題と、先住民族を取り巻く環境の問題というのは深く結び付いております。先住民族に関する研究では、例えば歴史学であるとか考古学であるとか、既存の学問の枠に収まらない問題の広がりを感じることがあります。今回もそのような経験をもとにお話をさせていただきたいと思います。

1．フィンランド最高裁におけるサーミの漁業権の認定

フィンランド北部のラップランド地方から国境を越えて、ノルウェー北部のフィンマルク地方を通り北極海へ注ぐ、北部サーミ語では「偉大な川」を意味するテノユキ川があります。この川はノルウェー側ではテノ川、フィンランドの側ではタナ川と呼ばれ、全長361kmに及ぶ河川ですが、トラウトサーモンが遡上することでも有名な川です。

2020年4月14日付のフィンランドの国営放送の報道によりますと、前日の4月13日にテノユキ川におけるサーミの漁業権に関する重要な判決が

フィンランドの最高裁判所より下されました。事の起こりは2017年に遡ります。テノユキ川においてフィンランドの漁業規則に従わずに固定式の刺し網を用いてサケを獲った理由で、地元のサーミ漁師が起訴されました。しかし最高裁が下した今回の判決は、漁業規則によりサーミの漁師を起訴することは、フィンランド憲法において保障されている先住民族であるサーミが有する川でのサケを獲る権利を侵害し、なおかつフィンランド政府が批准している国際人権条約にも反するものである、というものでした。これら二つの理由によって検察側の起訴を却下する、つまりサーミの人たちを無罪とする判決を下したのです。これはサーミの先住権としての漁業権を国が認めた重要な判決となりました。

実はこれ以前にもフィンランドでは判例としてサーミの漁業権を認めた判決が知られています。2019年に、フィンランドの森林管理局の許可を得ずにルアーを使ってサケを獲ったという理由で、４名のサーミが起訴された事件がありました。これについてもフィンランドのラップランド地方裁判所は、サーミの人たちには故郷の川で魚を捕獲する権利がフィンランド憲法で保障されており、これを漁業規則によって制限することは国際人権条約に基づくフィンランドの義務に矛盾する、という判決を出していました。

2019年のラップランド地方裁判所による判例、さらに今回の最高裁における勝訴によって、フィンランドでは先住民族サーミの先住権としての漁業権が、政府が設定した漁業規則に勝るという判断がなされたことになります。

2．サーミ（Sami）とはどのような人々なのか

サーミは歴史的にスカンディナヴィア３ヵ国とロシアにまたがる地域に暮らしてきた先住民族です。人口に関しては世界各地の先住民族と同様に、正確な数値は示されていおりません。様々な統計データはありますが、おおよそ８万人程度の人がノルウェー、スウェーデン、フィンランド、ロシアの４カ国をまたがる地域に住んでいると見なされています。その中でも一番人口が多いのがノルウェーです。民族名としての自称はサーミとなります。一方

でSapmiとはSamiのaとmの間にpが入っていますが、これはSamiの人たちの暮らす場所を指しており、サーミの住む地域を意味します。

これはアイヌ民族も同様ですが、先住民族としてはサーミという一つの民族グループとなりますが、言語的には9つに分かれる言語グループがあります。また一般にサーミと言いますと、トナカイ放牧をしている人たちをよく報道や写真等で見る機会がありますが、実は比率的にはトナカイの飼育に従事しているサーミの人たちは必ずしもそれほど多くありません。沿岸地域に住んでいる海岸サーミや、河川流域に住んでる河川サーミなどにも分かれます。

共通することは、それぞれの国の人口比ではやはり少数民族となっています。スウェーデンでは総人口900万人程の国ですが、そのうちサーミの人口は大体0.22%程度、ノルウェーですと総人口は470万人ですが、そのうちサーミの人口は1.06-1.38%、フィンランドでは総人口500万人のうちの0.16%程度を占めています。

サーミの人たちの歴史を見ていきたいと思います。私の専門は考古学ですが、考古学でも先住民族サーミのルーツは、研究者の関心の高い研究テーマになってきました。

サーミの人たちが暮らしているこのスカンディナヴィア半島は、1万年前に終わる最終氷河期にはその内陸部の大半は大陸氷河に覆われていました。しかし沿岸部分は大西洋を流れるメキシコ湾流が北海に流れ込んでいたために、北緯70度という北極域でも沿岸地域は氷河に覆われることなく、かなり古い段階から人々が入植し生活の基盤が築かれていたことが、最近の研究によって明らかになっています。

サーミの祖先集団がどういう経路でスカンディナヴィア半島に入植してきたのかということは、まだ複数の仮説があり、最終的な答えは出ておりません。しかし、少なくても1万年前には人々の生活痕跡が遺跡という形で残されております。ある仮説では、南の現在のドイツ方面から沿岸沿いに北上してきた集団がスカンディナヴィア半島に到達した、という考え方が示されています。また最近では、ロシア平原から北上してきた集団がフィンランドを横断する形で最終的にスカンディナヴィア半島に到達したという考え方が示されています。近年では、遺伝学の研究もかなり盛んに行われており、多くの論文が発表されています。その一つを紹介いたしますと、西シベリアの北極域に暮らすガナサンあるいはヌガナサンと呼ばれるトナカイ放牧を生業とする先住民族の人たちとサーミの間に、遺伝的な近縁性を指摘する関係が出されています。

考古学的な遺跡として重要なものは、ボリショイ・オレニー島という遺跡が知られていますが、この遺跡を残した先史時代の人たちと現在のサーミの人たちが、遺伝的に非常に近い関係を持っているという研究も報告されています。一方で言語学ではサーミ語の成立に関する歴史言語学的な研究がありまして、今から2000年から2500年ぐらい前に、南フィンランドからロシアのカレリア地域と呼ばれる現在のロシアとフィンランド国境地帯に暮らしていた人たちの中に、現在のサーミ語の祖語となる原サーミ語が成立して、それが後々フィンランド、スカンディナヴィア全体に広がったという仮説が示されています。いずれにしてもサーミの人たちのルーツが先史時代に遡るという点においては、研究者の間で共通した見解となっています。

先住民族の人たちの歴史を考える際に、これはしばしば歴史学者、科学者が直面する課題ですが、彼ら自身が残した文字資料がありませんので、特に先史時代に関しては考古学的資料で確認できるものと、それから文字的な資料、歴史文書などに記録されている先住民族の人たちの記述との間に大きな差異、乖離が起きるということがあります。サーミに関しても同様で、サーミの人たちに関する詳細な記録がヨーロッパの人たちによって残されるようになるのは15世紀ぐらいの時期になります。つまり、先ほど述べたような先史時代から歴史時代にかけての間に、しばらくの空白期があるのです。

3．サーミの歴史

今日のお話のテーマは、サーミの人たちが持っていた固有の権利がいかに失われてきたのか、そして奪われた権利が今またどのように回復されているのか、という点にあります。そのためここからはサーミの歴史について概略をなぞっていきたいと思います。

サーミの歴史を整理するために、歴史的な転換期を目印にして、第一期から第七期に分けて区分してみました。ここからはこの区分に沿ってお話をしたいと思います。

（1）第一期：15世紀以前

第一段階は15世紀以前の時代です。ヨーロッパの歴史では中世にあたります。スカンディナヴィアですと、いわゆるバイキングと呼ばれる人々、あるいはスカンディナヴィアンとかノースと呼ばれる人たちが、ノルウェーやデンマーク、スウェーデンからブリテン島やノルマンディ地方に交易に訪れたり、時には略奪という形で進出した時代です。この時代に、すでにサーミの祖先の人たちは、バイキングの人たちと交易を通じて接触していたということが知られています。

スターロと呼ばれる口承伝承の記録では、その口承伝承の中にサーミの人たちと思われる人々がしばしば登場し、バイキングの人たちから塩や金属製品を入手し、サーミの人たちからは毛皮などが交易品としてバイキングの人たちに提供されていたことが知られています。当時頻繁に交易を通じて入手された銀製品の影響は、現在でもサーミの人たちの伝統的な衣装の金属製の飾り物として見ることができます。またサーミの人たちの装身具の特徴として、交易に使われた貨幣がお金としてではなくて飾り物として使われていたことも判っています。現在でも博物館に保管されているサーミの古い銀製品には、交易によって入手したものを素材に加工した銀製装飾品が知られています。

少し話が本題から外れますが、同様の状況は中世以降のアイヌの人たちのさまざまな装飾品の中に、和人との交易により入手した金属製品やそれを素材に加工した品々もあり、共通性を見出すことができます。

（2）第二期：15世紀――対等な交易関係から経済的支配関係へ

15世紀頃のサーミの人たちの経済活動は漁撈と罠猟に生活の基盤がおかれており、狩りの主要な対象である野生のトナカイの季節的な移動に合わせて居住地を移動する移動生活を行っていたことが判っています。その後、周辺に国家が成立すると、国家がサーミに対して税金を納めることを求めるようになります。納税の義務が発生することによってサーミの人たちは次第に定住するようになり、納税に応じるために過剰な狩猟活動が行われ、野生のトナカイの数が減少することになります。この対策として、サーミの人たちの中でトナカイ飼育を行う人たちが出てきたのではないかと考えられています。サーミに対するステレオタイプのイメージとして、このトナカイ放牧するサーミの人たちがよく取り上げられるのですが、実はトナカイ飼育を中心にするサーミの人たちは、サーミの中でも約10%と、決して大きな比率を持っているわけではありません。

中世段階ではスカンディナヴィアにおいて漁業者であるノルウェー人が、サーミの人たちが住むフィンマルク地域に入植をし始めます。最初の段階ではそれぞれの漁の仕方自体にも違いがあって、それほど互いに接触することがあったわけでもなく、お互い共存しながら展開してきたようです。これが第二段階になりますと、今度は対等な交易関係から経済的な支配関係に転換し始めます。

ノルウェーは当初デンマーク王国の一部として、またスウェーデンはそこから独立した王国になります。またロシアもロシア帝国として成立しますが、それぞれの国がサーミに対して課税権を主張、税金を徴収するようになります。この頃はまだほとんど国境が確定しておりませんで、例えばフィンランド語を話す徴税人がボスニア湾の北部まで入り込んできたり、もしくはロシアの徴税人が今のノルウェーのハルスタと呼ばれるような場所まで到達したり、反対にノルウェー人がコラ半島まで徴税に行ったり、という多様な動きがあったことが判っています。

(3) 第三期：17世紀——スウェーデンによる鉱山開発と賦役

17世紀になりますとスウェーデン王国のグスタフ1世が、この地域全体をスウェーデン領にすることを公式に宣言します。しかし当時はまだ国境が確定しておりませんので、スウェーデン王が一方的にこの地域をスウェーデン領にすると宣言しても、引き続きデンマーク王国の領域でもありましたし、ロシアから人々の流入も起きていました。

一方で、鉱山開発が17世紀頃から始まります。これは後で触れますが、内陸の資源開発と先住権の問題として重要なテーマになってまいります。1630年代にスウェーデン政府はナサと呼ばれる場所での銀鉱山の開発を開始し、周辺のサーミの人たちに賦役を課しました。サーミの人々は銀鉱山での労働力として働くことを強要されたわけです。このナサ鉱山は資本投資した割に採掘が難しく、採算が合わないことがわかり、1659年に鉱山の採掘は終了します。しかし1630年代から1659年までの期間に、多くのサーミの人たちが鉱山での強制労働に徴用され、非常に苦しい生活に追い込まれたということが指摘されています。一部のサーミの人たちはスウェーデンからの賦役、強制労働に耐えきれずに、さらに北の地域へと移住する動きが生じたことが記録に残されています。

この頃のスウェーデンはいわゆる三十年戦争というカトリックとプロテスタントの戦争に参画し、ヨーロッパの強国として知られておりました。スウェーデンが中部ヨーロッパに進出するような中で、スウェーデンや北欧に対するヨーロッパ全体の関心も高まってまいります。この頃、スカンディナヴィアの諸国とサーミとの間にはいくつかの行政的な文書が交わされたり、またはサーミの国家の中での位置付けを記した文書が残されるようになります。

現在のサーミの権利を歴史的に遡る際に、最初に出てくる重要な史料が「ラップマルク宣言」(1673年）と呼ばれるものです。当時サーミは税金を納めるということに関してスウェーデンやデンマーク、ノルウェー王国連合国等に対して国庫に非常に多大な貢献をしていると評価されており、サーミを保護する政策が取られました。例えばサーミの住む地域に定住する者は15年間免税にするとか、戦争への徴兵義務がないことが記されています。新しく入植する人たちはサーミが利用してきた地域に入ってはいけない、つまりサーミが使用する土地には入植できない、という条件が設定されていたわけです。しかし1695年にこの「ラップマルク宣言」が改訂され、サーミからの強い反対がありつつも、サーミの権利は収奪され、それまで暮らしていた場所を離れてさらに北へと移住する状況に追い込まれます。

ヨーロッパ中を巻き込んだ三十年戦争にスウェーデンは参戦しましたが、

スウェーデン軍の強さの背景に実はサーミが持っている魔術が働いている、という悪意を持ったプロパガンダの文書が書かれるようになります。当時サーミの人たちはまだキリスト教化しておらず、独自のシャーマニズム等を信じていたわけですが、そういったものが曲解されるということもありました。

17世紀スウェーデンの修辞学者ヨハネス・シェフェルスという人が『ラッポニア』という本を書いております。1673年に出された本ですが、これは実は最初のサーミの文化について詳細な記録を伝えた最も古い資料であります。サーミの人たちに対する中央ヨーロッパの間違った考え方を正す目的で、シェフェルスの書いた本をさらにスウェーデンの政治家で軍人だったマグヌス・ド・ラ・ガーディという人が、民族学的な観点から出版し、多言語に翻訳されました。

しかしこれも残念なことに、当時翻訳を行っていたオランダやドイツなどでは、詳細に書かれていた生活環境とか地形とかそういった部分に関する記録が、なぜかそのサーミの人たちの非キリスト教的な特徴である魔法、妖術、異教徒としてのイメージに置き換えられ、作り話に置き換えられてしまいます。シェフェルスやガーディが書いた初期のサーミについての記録文書は、本来サーミのイメージを正そうとして作られたのですが、逆に戦争好き、もしくは野蛮な異教徒であるというサーミのイメージを、ヨーロッパ全体に広げる役割を果たしたという評価、批判もあります。

当時のヨーロッパで流布していたサーミについてのイメージというのがいくつか残されていますが、まさに悪魔のように描かれていたり、サーミのシャーマンの太鼓というものも、非キリスト教的な異教徒を示すものとして使われています。

（4）第四期：サーミに対する規制とキリスト教化

18世紀になりますと「ラップマルク宣言」は、今度は「ラップマルク規制」という形に改訂されます。1751年、ちょうど時期を同じくして「ラップ協定」がノルウェーとスウェーデンの間で結ばれ、国境が定められます。ノルウェーとスウェーデンの国境を決める条約は当初「ストロムスタッド条約」という名前でしたが、その付属文書として「ラップ協定」が書き加えられます。

当時ノルウェーはデンマーク王国の一部でした。サーミが国境を越えて伝統的なトナカイの放牧を行うことを「ラップ協定」は認めています。また市民権や税金に関する規定もあり、その後「ラップ協定」は1852年、1919年、1972年改訂されていきます。しかし、当初は認められていた自由に国境を越えて移動する権利が、時代が新しくなるに従ってトナカイ数を制限したり、国境の移動を制限したりと、サーミの権利を縮小し、制限する方向に改悪化されます。

ただし、この「ラップ協定」は2005年に法的な権限を失う一方で、18世紀にノルウェーとの条約として保有した権利を知る資料として、サーミが本来どのような地域において伝統的な固有の権利を保有していたのか、また国家がその権利をいかに認めていたのか、を知る上では重要なものであり、現在でもその史料的な価値は認められています。現在この文書はサーミの中心的なコミュニティの一つであるノルウェーのカウトケイノという集落に保管されています。

18世紀には、今度はキリスト教の影響がサーミにも入ってまいります。その中で重要な役割を果たした人にラース・レスタディウスという人がいます。牧師であり神学者だった人ですが、ルター派の教えをサーミに布教した宗教者であります。この方はスウェーデン人とサーミの両方にルーツをもつ人ですが、ルター派のプロテスタントの教えを非常に厳格に説きました。当時サーミの中には商人によってアルコールが持ち込まれ、生活が崩壊していく状況が生じていました。そういった悪い慣習を抑えるために、禁酒政策をレスタディウスが説いた訳です。その運動はサーミの中に受け入れられ、今までの教会の教えとは違って、レスタディウスの考え方に共鳴する人たちがサーミの中に増えていきます。

1852年にレスタディウスの教えを信じていたカウトケイノの信奉者たちの中に、当時の教会やアルコールを持ち込む商人たちの活動に反発を持っていた人たちがおりました。彼らは警察も含めて、当時のノルウェー政府によるサーミへの支配的政策への反発の一環として、武力蜂起を起こします。

「カウトケイノの蜂起」と呼ばれているものです。この結果、酒を販売していた商人やそれを制止しようとした保安官が殺害されます。この蜂起自体はすぐに鎮圧され、蜂起の首謀者とされるハッタとソンビという２人が首を切られて処刑されてしまいます。蜂起に参加した子どもを含む多くの人たちが罪に問われる結果となりました。

ただこの事件は、サーミの人たちがノルウェーという国に対して明確に抵抗運動を行なった歴史的な出来事として位置づけられています。レスタディウス運動、宗教的な運動は、その後もサーミの暮らすスウェーデンやノルウェー、フィンランドで広く展開されました。

「カウトケイノの蜂起」は、歴史的な出来事としてサーミの中では重要視されており、ノルウェーでは映画化されています。第１図はこの映画のワンシーンを映し出したものですが、この時に処刑されたハッタとソンビの指導者２人の遺体は、その後オスロ大学解剖学研究室に保管されました。ハッタの肉親が処刑後の動きを調べていく中で、オスロ大の解剖学研究室に、サーミの祖先の遺骨として保管するコレクションが存在することが明らかになります。そしてノルウェー政府を巻き込んだノルウェーにおける遺骨返還運動が動き始めます。その後現在ではハッタとソンビの遺体は無事サーミの土地に戻り、現在ではカウトケイノの近くの教会の墓地の中に再埋葬されています。

しかし返還までの過程は複雑でした。ハッタの遺骨はオスロ大学で見つかりますが、ソンビの遺骨はオスロ大学にはありませんでした。その後の調査で明らかになったことは、オスロ大学の研究者がデンマークのコペンハーゲ

第１図　カウトケイノの反乱　(Kautokeino-Opprøret (2008) より)

ンの研究者と互いに先住民族の祖先の遺骨を交換し、ソンビの遺骨はデンマークに運ばれていたことがわかったのです。その後ノルウェー政府とデンマーク政府の間の協議を踏まえて、最終的にはソンビの遺骨はノルウェーに戻ってまいりました。

4. 近代化とサーミ

(5) 第五期：国境確定・移動制限・同化政策

19世紀になると、国境が確定してサーミの人たちは伝統的な場所を自由に移動することができなくなります。フィンランドは最初スウェーデン領として位置づけられていましたが、スウェーデンとロシアの戦いの結果、後にロシア領になり、新たな国境が引かれることになります。ほぼ現在のようなノルウェー、スウェーデン、フィンランド、ロシアの国境線が引かれてくるのがちょうどこの頃の時期です。

それまで冬はフィンランドで過ごし、夏になるとノルウェーの海岸に滞在していたトナカイの放牧者たちは、20世紀に入ると、今度は国境を越えて移動することができなくなります。1940年ぐらいまでは、制度的には国境を超えられませんでしたが、明確に線引きをされた状況ではありませんので、実際は国境を越えた移動も部分的には認められていました。しかし第二次世界大戦の間にサーミが暮らすラップランド地域は、ナチスドイツが侵攻してきたり、ソ連が侵略してきたりという形で戦争に巻き込まれて焦土化されます。そのような状況下でサーミの人たちの伝統的な、国境を越えた自由な移動はほぼ困難となりました。

同時にこの20世紀の初頭には、サーミに対する同化政策も進むようになります。現在でこそサーミの権利を大きく認めているノルウェーですが、20世紀初頭のノルウェーは非常に強い民族主義の時代を迎えており、同化政策が国の方針として進められておりました。当初の政策は二極化しており、教育や宗教の場では、サーミ語を積極的に使いながら同化していくという考え方と、サーミの人たちからサーミ語を取り上げて、ノルウェー語を教えることで同化するのだという考え方と、両方の説が展開しておりました。ただいずれにしても、サーミをノルウェーの国民として、ノルウェーの文化や社会に完全に同化させるということが共通の到達目標とされていたのです。

さらに1851年になると、ノルウェーの国会はサーミの人たちからサーミ語を取り上げてノルウェー語を標準語にすることに予算をつけ、そのための基金を設立します。「ウェクセルセンの布告」と呼ばれるものが国会で可決されます。これはサーミ、それからノルウェーに住んでいたフィンランド語を話す少数民族であるクヴェン、この二つの集団がノルウェーの少数民族とされていたのですが、そのような言語的少数者が教育者になることを禁じます。さらにノルウェー人の教師がサーミやクヴェンの子供たちにノルウェー語を教え、フィンランド語やサーミ語を話すことを禁じる教育政策が進められます。1901年になると今度はサーミやクヴェンの子どもたちを親元から離して寄宿学校に入れ、そこでキリスト教やノルウェー人に同化させるための教育が進められるのです。

20世紀初頭は、このような同化政策が積極的に進められた時代でした。

(6) 第六期：20世紀の同化政策

ノルウェー政府によるサーミに対する同化政策は言語のみではなく、地名にも及びます。サーミが暮らしていたノルウェー北部フィンマルク地域の地名を、段階的にサーメ語からノルウェー語に変えています。これは日本でも北海道で行われたことですが、やはりその地域の先住民の言葉の地名を入植者や植民者の言語の地名に変えていくことは、土地に結びついた記憶や歴史を消し去ることであり、非常に強い同化政策と言えます。そしてそれは実質的にそのサーミの地域へのノルウェー人の定住化を正当化させる取り組みであり、歴史的に新しい歴史を構築する国家的な作業の一環でもありました。

当時のノルウェー語化が推進された背景には、ヨーロッパ全体に展開していたいわゆる社会的ダーウィニズム、それからナショナリズムの勃興がありました。当時も、このような同化政策への抵抗も一部にはあったようで、1860年から1910年にかけてのいわゆる北部地域の行政文書の中には、サーミ語やクヴェン語で書かれた文書が残されており、国からの行政文書ノルウェー語化の指導の下でも、一部のコミュニティではそれを実施せず、クヴェン語やサーミ語で書いた文書を残すような取り組みが行われていたことも知られています。しかし1860年代以降、ノルウェー政府がさらに強いナショナリズム的な政策転換を行う中で、公の場所や教会、そして学校におけるサーミ語の使用は禁止され、更にサーミやクヴェンの人たちが北部地域で土地を買ったり売ったりするような権利も法律的に否定されるような状況が起きます。

このようなノルウェー人化の同化政策の影響は、当然その地域に住んでいたサーミやクヴェンの人たちの民族的アイデンティティにも大きな影響を与えました。1930年の調査では、クヴェナンゲンという集落の人口の61%はサーミまたはクヴェンと回答していました。その中でサーミと回答した人は44%、17%はクヴェンと答えていて、残りの39%しかノルウェー人と自らのアイデンティティを主張する人はおりませんでした。ところが20年後の1950年になりますと、同じ地域の住民の国政調査を行った結果は全く異なる結果を示します。自分のアイデンティティをサーミまたはクヴェンと回答した住民は0%という状況がおきました。しかしこの数字はこの地域からサーミやクヴェン人たちがいなくなったことを示しているのではありません。そこに住んでいた人たちの中で、自分たちのアイデンティティをサーミやクヴェンと答える人たちがいなくなる状況が生じたことを示しています。まさにノルウェー政府が当時進めようとしていた、サーミとクヴェンの同化政策のひとつの結果といえます。

一方でこのような同化政策に対する抵抗運動も活発化します。1906年、ノルウェーの議会選挙で初めてサーミの政治家であるイサーク・サバが国会議員に選出されますし、1917年にはノルウェー化政策に対する反対運動は最高潮に達し、トロンハイムという町では最初のサーミによる集会が開催されます。しかしノルウェー政府の同化政策は、1900年代を通じて変わることなく実施されました。

当時スウェーデンでは、ノルウェーと比べてそれほど強い民族同化政策を行っていなかったのですが、一方では鉱山開発を積極的に展開していったために、サーミの人たちの土地にさまざまな開発事業が持ち込まれ、環境破壊は進んでいきます。また鉄道が引かれるなど、文化的な同化政策は進んでいったことがわかっています。さらに1922年にはスウェーデンにおいて民族生物学研究所が設立されます。現在でもこの建物はスウェーデンのウプサラ大学の中に残されています。スウェーデンでは優生学的な研究が進められ、サーミに対する人種学的な研究が展開されるようになります。

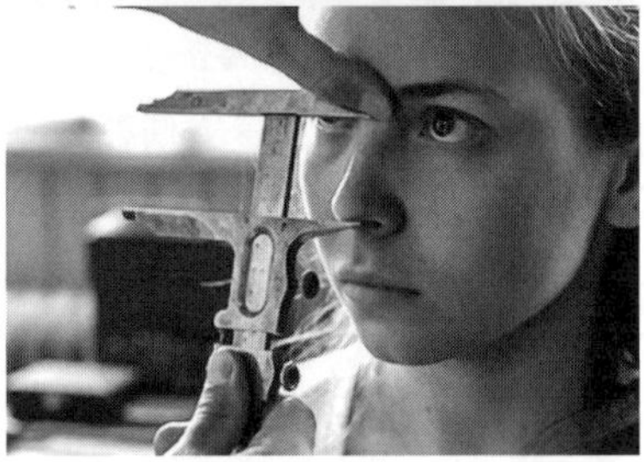

第2図　上：人種学的人類学による身体計測
下：映画「サーミの血」(2016) より

第２図の下は2016年に日本でも公開された「サーミの血」というスウェーデン映画の一シーンです。この映画はスウェーデンの北部に暮らしていたサーミの子が寄宿学校に送られ、同化政策の中で言葉や自分たちの尊厳を奪われる過程を描いたものであります。このシーンでは学校で学ぶ子供たちのところにスウェーデン人の解剖学者たちがやってきて、鼻の高さを測ったり、身体計測をしているシーンです。上の写真は古い写真ですが、同じように研究者が頭のサイズを測っています。この研究の目的は、サーミがいかに人種学的に劣っているのかということを証明するものでした。

（7）第七期：戦争とサーミ

サーミが国家との関係で経験したもう一つの大きな影響は戦争でした。サーミが暮らしてきた特にフィンランド側のラップランド地域は、最初にフィンランドとソ連の間で起きた冬戦争（1939年～1940年）の戦場となりました。当時ソ連はフィンランドに軍事基地を建設することを求めます。これをフィンランドが断わると、ソ連軍はフィンランドに軍事侵攻を行います。今のウクライナとロシアの関係を想起させるものですが、当初ソ連はフィンランドを簡単に制圧できると考えますが、フィンランド軍の思わぬ抵抗にあってたくさんの死者を出して侵略は失敗します。

この冬の戦争ではフィンランドは勝ったのですが、その後更に強力なソ連軍が侵攻してくると、フィンランドはヘルシンキが陥落することを恐れて一応停戦講和条約を結ぶことになります。その結果、非常に多くの土地がフィンランドからソ連に割譲されることになりました。その中にサーミの人たちが暮らしていた北部ラップランドが含まれていました。

戦争の状況はこれで終わりませんでした。冬戦争がやっと終わる1940年、今度はナチスドイツがノルウェーに侵攻し、ノルウェーがドイツ軍に占領されてしまいます。そうするとそれを契機に、今度はフィンランドがドイツと一緒になってソ連とまた戦争を始めます。これは継続戦争と呼ばれ1944年まで続きます。戦争の初期はドイツとフィンランドが優勢でしたが、やがてソ連の反攻が始まりますとフィンランドは早々とソ連との間の停戦に合意します。そして今度はドイツ軍とフィンランド軍が戦うことになるわけです。結果的にラップランド地方を撤退するドイツ軍は、フィンランドの北部にあるロバニメンという町を、灰燼に帰すほど、廃墟と化すほどに焦土化します。同じようにサーミの人たちが住んでいた村や集落が焼かれ、たくさんの人々が殺されるという状況が生じます。サーミの大地は国家間の戦争の中で戦場となったのです。最終的に1945年にフィンマルク地域は解放されますが、この戦争の傷跡と代償は大きなものでした。

5. サーミによる権利回復運動

ここまで駆け足で歴史を見てきましたが、これ以降はサーミの権利回復へ向う動きについてお話いたします。最初サーミの権利回復に動き出したのはノルウェーでした。

先に見たように、ノルウェーでは1898年の「ウェクセルセンの布告」によって学校でのサーミ語の使用が禁止され、1960年代まで施行されたわけです。一方で1956年に当時のノルウェーの政権を担っていたノルウェー労働党のゲルハルセン首相の第三次内閣は、サーミ委員会を設立します。この委員会の方針は同化政策の転換であり、まず少数民族であったサーミの立場を強化すること、そしてサーミとノルウェー人の間に平等な権利の実現を目指すことが、委員会の目的とされていました。

しかし当時のノルウェー政府は、まだサーミを先住民族としては認めておらず、サーミ語を話すノルウェー人という位置づけでした。その理由としては、当時の政府はサーミ文化とアイデンティティ自体を一方で認めつつも、その関係は自己決定権の枠の中でサーミの人たちが決めるべきだ、と考えていたためでした。ただ最終的には1967年にサーミ語を第一言語として教育で使用する権利が認められます。これによって学校の教育の中でサーミ語を教えることができるようになりました。この意味ではその後の権利回復に繋がる大きな布石になったと言えます。さらに1980年代に入るとサーミ法委員会が設立され、サーミの政治的・文化的権利をどのようにノルウェーの中で実現するかについての検討が始まります。

一方でノルウェー政府は過去のいわゆる同化政策についての公式的な調査は行わず、過去の同化政策に対する政府からの謝罪もなされておりませんでした。

やがて権利回復運動の中で、特に環境権に関心を寄せる運動が始まります。サーミの若手の歌手ソフィア・ヤノックは活動家としても活躍しています。またサーミの詩人パウルス・ウーツィー（第３図）は、次のような詩を詠んでいます。

第３図
Paulus Utsi(1918-1975)

魚が泳ぐ水がある限り
トナカイが草を喰み
さまよう大地がある限り
野生動物が隠れる場所がある限り
私たちはこの地球上で慰めを得ることができる。
私たちの家が破壊され
私たちの土地が荒廃したとき
私たちはどこに住むのであろう？

自分たちの生活文化を残していくために欠かせないのは、その文化やその生活が根差している土地との結び付き、大地との結びつき、水や川との結びつきであり、そういうものがなければ先住民族の文化というものを継承できないのだ、ということをウーツィーの言葉から知ることができます。

アルタ闘争とその影響

北海道のアイヌ民族の“二風谷ダム裁判”とよく比較され取り上げられることが多いのですが、アルタ闘争として知られる大きなサーミの闘いがありました。ノルウェー政府がアルタ川に作ったダムと発電所の建設に対して、地元のサーミの人たちが起こした抵抗運動、権利獲得運動です。1970年代のことですが、まずこのアルタダムが作られることになり、アルタ川流域にあるマーゼというサーミの集落の住民の人たちが立ち退きを求められます。それに対する反対運動が起き、環境保全運動や環境の悪化を調べる運動など、さまざまな活動がおきます。このアルタ闘争自体は、ヨーロッパにおける環境保全の運動としても有名な動きでした。しかし、サーミの人たちが、こうしたダム建設によって伝統的な生業活動が阻害されることに対して組織的な反対運動を行うことで、ノルウェーだけではなく、広くヨーロッパ全体にこの問題への関心が広がることになります。

裁判の結果は、残念なことに1982年ノルウェーの最高裁判所においてサーミ側が敗訴することで結審します。1980年代後半には実際に水力発電所が建設されてしまいます。しかもデモに参加した人たちは起訴されて、執行猶予付きの懲役刑や罰金を科せられる結果となりました。

しかしサーミの人たちが民族衣装を着て首都オスロの国会の前で座り込みを行い、広くマスメディアの中で発言をしたことで、アルタにおける大規模な抵抗運動は、先住民族の環境権の問題への関心を広く国際的に広める役割を果たしました。最高裁判決では国側が勝訴としたわけですが、ノルウェーにおいてはサーミの声は無視できないものとなり、後に触れるようにサーミ議会が設立される契機となりました。フィンランドではノルウェーよりも少し早く1973年にサーミ議会ができていますが、ノルウェーでは1989年に、さらに遅れてスウェーデンでも1993年にサーミ議会が設立されることになります。

ノルウェーではアルタ闘争を契機として、1987年にサーミ法という法律ができます。この法律の目的は、ノルウェーのサーミの人たちが自分たちの言語や文化、生活様式を保護し発展させること、それを実現するためにノルウェー政府はサーミの人たちのサーミ議会を設置すること、そしてサーミの人たちがその文化を保持する活動に対しての経費を国が負担すること、そしてノルウェー語と対等なサーミ語の言語権を認めること、などが含まれています。

この新たな法制度の成立を受けて、1988年にはノルウェー憲法が改正され、第108条に、サーミの人たちはその言語、文化、および社会を保護し発展させるために必要な条件を整備される権利を持っており、それを整備することは国家の義務であることが明記されます。

さらに1989年にはノルウェーにおいてサーミ議会が開設され、1992年には言語法が改正されてサーミ法に書かれていたサーミの言語権がそこに明記されます。1998年には教育法が改正されて、サーミ教育支援という項目がそこに加わってまいります。

より大きな法制度の整備は、2005年のフィンマルク法の制定です。これは1989年に開設されたサーミ議会が、ノルウェーの政策決定プロセスに大きく関与する政治的な力を持つことによって実現したものですが、ノルウェー政府は、サーミの人たちが多く居住するノルウェー北部のフィンマルク地方の総面積の96%にあたる46,000㎢をフィンマルク地域の住民に譲渡し、土地の運用権を地方に委ねるということを決定します。この土地に関するさまざまな問題はフィンマルク・エステートと呼ばれる不動産組織が管理しますが、この取締会を構成する6名の取締役のうち3名はノルウェーのサーミ議会から任命され、残りの3名はフィンマルク郡の協議会によって任命されます。評議会の理事会長は、サーミ議会と郡議会によって隔年交代で選出されます。この2005年のフィンマルク法の制定によって、サーミは土地と水域に関する長期にわたる伝統的な使用を通じて、この地域の土地と水域を使用する個人的および集団的所有権を権利として獲得した、ということになります。このように見ると、アルタの闘争から始まった動きは、大きな実を結んだと言えるでしょう。

6．サーミ議会について

サーミ議会は現在、ノルウェー、フィンランド、スウェーデンのそれぞれの国ごとにあります。第４図に示した建物はノルウェーのカラショクにあるサーミ議会の外観と内部です。サーミ議会の担う仕事は国によって若干違いがありますが、その地域の行政統治を自分たち自ら決定する、という点で共通しています。ただしサーミ議会において議論されるテーマはサーミの人たちが管理をしている地域に限定されています。

第４図　サーミ議会
（ノルウェー、カラショク）

ノルウェー憲法第108条においてはサーミの権利が認められており、それを支援することは国の義務である、ということが明記されています。この条文に基づいてサーミ議会は自分たちの言語、文化、生活様式を守り、発展させる政策の立案を行います。このような議会の組織は先住民族が自己決定権を行使し、自分たちの生活環境を保持していくために効果的に機能しているといえます。

すでに触れたようにサーミは北欧四ヵ国にまたがって暮らしています。それぞれの国で先住民族としての権利の認定を受けているわけですが、フィンランド、ノルウェー、スウェーデンのサーミが同じ権利を持っているわけではありません。時にサーミが国を超えて、同じ一つのサーミにとっての問題として国際的に交渉をしたり、権限や権利を主張する動きが必要になることがあります。そのために各国のサーミ議会が国を超えて議論をする場として評議会が作られました。

サーミ議会評議会は各国のサーミ議会の連携組織として2000年に設立さ

れました。フィンランド、ノルウェー、スウェーデンにはサーミ議会がありますが、ロシアではサーミは先住民族として議会創設も認められていません。そのため組織として委員を出すことができません。よってロシアのサーミ組織が常任理事として委員を２名出しています。スウェーデンにおいてサーミ議会が設立されたのは1993年でしたが、スウェーデンのサーミ議会がこの評議会に参加したのは2002年４月からです。現在でもスウェーデンでのサーミの先住民族としての権利は、ノルウェーやフィンランドと比べて確立されていません。

サーミ議会評議会は、後にサーミ評議会と改称され、現在ではさまざまな助成金を得ながら運営されています。評議会の目的は、国を超えたサーミの権利を実現するということ、それぞれの国家間におけるサーミの権利のばらつきを均整化して、どこの国に暮らしているサーミも等しく、同じ先住民としての権利を享受するということを目指しています。さらにサーミ評議会は国際的な活動にも積極的に関わっており、特に北極評議会――日本政府も大使を任命して派遣しています――のサーミは常任理事メンバーとしての地位を持っています。そして北極域全体の環境や天然資源、気候変動に関する問題にも取り組んでいます。北極域全体の環境問題や天然資源の管理は自分たちの居住空間を守るためには重要な案件と理解されています。またこれを守ることはサーミの文化やアイデンティティを守るために不可欠であると考えられています。

フィンランドでは法制度の中でサーミ語を母語とする人、またサーミ語を母語とする両親や祖父母を持つ人をサーミ民族として認めています。1995年のフィンランド憲法では、サーミの権利が強化され、先住民族としての地位と、言語や文化を保護・発展させる権利が憲法で認められました。憲法にサーミの権利が明記されていることが、冒頭に紹介したテノユキ川でのサーミのサケを捕獲する権利が最高裁で認められる根拠となっています。サーミは国際人権法のもとで保護されており、独自の文化、言語、生活様式を持ち、伝統的な土地や水域と明確な繋がりを持つことから、フィンランドでは先住民族とされています。

一方でスウェーデンでは、他の北欧諸国に比べると遅れて1993年にサーミ議会が設立されました。しかし残念なことに、政府が正式に認めた議会という形にはなっておりません。またスウェーデンにおけるサーミには自己決定権も十分ではなく、自ら自治権を行使して運営したりする組織にもなっておりません。現在の議会は31名の議員で構成されていますが、スウェーデンの他の地方議会よりも小さいと言われています。また国会にも議員を選出できていません。サーミに関わるようなさまざまな問題が起きても、正式に政府からの諮問を受ける状況になっておりません。

こういった状況を踏まえて、2011年に国連の先住民族の権利に関する特別報告者であるジェームズ・アナヤのレポートでは、スウェーデンにおいては鉱山の採掘や林業、風力発電プロジェクトなどに関して、サーミが大きな影響を受けているが、それに対してサーミが当事者としての、ステークホルダーとしての発言権がないこと、さらにスウェーデン全体の議会の法律や構造において、先住民族の位置付けが十分に検討されていないことが批判されています。アナヤの報告では、スウェーデンの裁判所がサーミの土地の所有権を証明する裁判において、それを国が説明するのではなく、サーミ側にその立証責任を負わせていることについても批判しています。

7．ノルディックサーミ条約

北欧全体で国を超えたサーミの動きが今進みつつあるのですが、また難しさも見えてきています。その一つが「ノルディックサーミ条約」または「北欧サーミ条約」と呼ばれるものが抱える課題です。この条約は2000年にサーミ評議会でワーキンググループが設立され、各国政府を巻き込んで交渉がスタートしました。2016年にはほぼ条約としての形で合意が得られていました。しかしこの条約はサーミの権利を、フィンランド、ノルウェー、スウェーデンの3ヵ国の政府がそれぞれ同じ立場で認めるというものであったために、各国のその後の対応に差が生じました。例えばフィンランドでは、これが条約として成立した暁には、サーミの権利が十分に明記されていないフィンランドの国内法の改正の必要があり、法改正の時間的問題から残念ながらまだ最終的な条約の批准に至っておりません。合意はしているが批准に行きつかない、という状況があります。

ただこの条約自体は非常に重要で、現状では国によって格差があるサーミの先住民族としての立場を3つの政府が批准することによって、同じ水準に保つことが可能となります。そしてこの条約の一番最後に書かれているのですが、新しいサーミ条約はその基盤に、1751年の「ラップ協定」で成文化された、サーミが歴史的に土地を使用し、伝統的な文化を営んできたこと、サーミの権利を周辺国家は保障しなくてはいけないことが、明記されています。

現状では決して楽観視できる状況にはありません。天然資源に関するサーミの先住権もまだ未解決の部分があります。ノルウェーはこれまで法制度の整備を含めて先住民族政策が北欧諸国の中で一番進んでいる国ですが、スウェーデンやフィンランドにはまだ課題が残っております。サーミの権利が全て認められているわけでもありません。特にスウェーデンでは鉱山開発がもたらす問題、フィンランドでは鉄道建設によりサーミの伝統的なトナカイの放牧地が分断されるといった問題、それから冒頭で述べたような漁業権に関する問題が残されています。

8. サーミの大地と水の権利

スウェーデンにおいても完全ではありませんが、明るい兆しが見えてきています。ギルジャスというノルウェーとスウェーデンの北部国境に近い地域のサーミが、過去30年にわたって制限されてきた漁業権や狩猟権を、スウェーデン政府に対して求める訴訟を起こしていました。スウェーデン政府は1993年にこの地域での狩りや漁業をサーミ以外の人でも許可をしましたが、それによってこの土地で長く暮らしてきたサーミは大きな影響を受け、18世紀から持っていたこの地域で伝統的に保持してきた漁業権や狩猟権の行使が停止される状況にありました。それに対してギルジャスのサーミはスウェーデン政府を相手どり、先住民族としての漁業権を取り戻す訴訟を起こしました。

2020年1月23日にスウェーデンの最高裁判所は裁判官5人全員一致の見

解として、サーミがこの土地で歴史的に狩猟や漁撈に携わってきたこと、先住民族の権利として狩猟・漁業の独占権を持っているということを認める判決を下しました。その判決文には、サーミが少なくとも1500年前からこの地域に暮らし独占的に狩猟・漁業を行ってきたこと、少なくとも1700年代からその事実を確認することができることが述べられています。

判決ではスウェーデン王室がラップランド地域の植民地化を進めた時、サーミの狩猟と漁業の機会を保護することに注意を払っていたという文書も残されていることにも言及しています。また1886年の「トナカイ放牧法」が保障した狩猟と漁業の権利は、現在のサーミの人たちにも適用されるべきだという判決を行ったわけです。この判決は、スウェーデンにおいてサーミの土地使用権に関する固有の権利があるということを裁判所が認めた初めての判例ということになります。

ただ未解決の課題もあります。やはりスウェーデンではサーミは少数者で、独占的な狩猟権や漁業権を認定することに、サーミ以外のスウェーデン人たちから強い批判も出ています。ネット上の批判や、時には直接的な暴力を受けるということが、判決後にも起きているという報道もあります。

またスウェーデン北部のサーミが伝統的に暮らしてきた地域では、引き続き鉱山開発が進められております。スウェーデン北部には、サーミが毎年集まってお祭りを行うヨックモックという町がありますが、2013年7月に、ここでイギリス系の鉱山会社から鉄鉱石の試掘を行うための許可申請が出されました。これに対して地元からの反対運動が起きていたのですが、2022年3月22日にスウェーデン政府はこの開発を許可しています。先住民族の権利やサーミ地方の天然資源の継続的な開発がどのように展開するのか、スウェーデン国内でも今後の動きが注視されています。

サーミの土地と水に関する権利ですが、国際労働機関ILOの169号条約では先住民族の土地権を認めています。2022年4月時点でのILOの169号条約については、ノルウェーが批准しておりますが、フィンランドとスウェーデンは批准しておりません。スウェーデンでは国有地での狩猟権がサーミに帰属するのか、それとも国家に帰属するのか、二重の狩猟権が議論されてきています。先に見たように2020年3月の最高裁によって、今後スウェーデンの中でも法解釈が大きく変わってくることが期待されています。ただ一方で鉱山開発ではイギリスの会社に開発権を認めるような許可を政府が出す動きもあり、サーミの権利よりも企業の採掘権を優先する傾向があり、まだ権利が保障されていると言い切れない状況にあります。

フィンランドはILOの169号条約を批准していませんが、基本的には169号条約に書かれている先住民族の土地権を認めるかたちで、2019年にラップランド地方裁判所で漁業権を認める判決がなされ、先に見たように2022年4月の最高行政裁判所でも漁業権を認める判決が下されています。

9．ノルウェーの漁業システム

今後もサーミの先住民族としての土地権や環境保全・文化的景観を守るための運動は継続するでしょう。

第5図はノルウェーに於ける漁業システムを模式図化したものです。ノルウェーは北欧で最もサーミが政治的な権限を持つ国ですが、ノルウェーの国

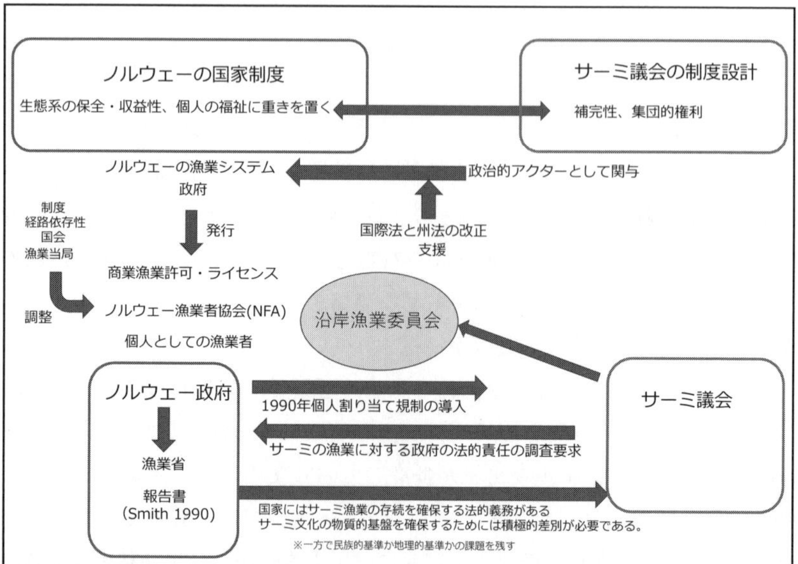

第5図　ノルウェーの漁業システム

家の制度というのは、本来生態系を保全して収益性を高め、個人の福祉に重きを置いた政策を展開する、という制度になっています。一方でサーミ議会が考えている制度は、サーミ全体の集団的な権利をいかに確保するかということにあります。そのためサーミの提案する先住民族としての主張と、ノルウェー政府の国家の基本政策は、基本的に相反する側面があります。

ノルウェーの漁業システムは、基本的に政府が商業漁業許可や漁業ライセンスを発行する形になっています。そして一番大きなステークホルダーは、個人としての漁業者を統括するノルウェーの漁業者協会です。どのような具体的なプロセスによって漁業に関する政策が決まるのかと言うと、国会や漁業当局や、さまざまなステークホルダーの調整ネゴシエーションによって決まっていくわけです。その意味でサーミ議会を通じて、サーミが政治的なアクターとして政府が決める漁業システム決定プロセスに参画することができることは、大きな意味を持ちます。

例えば1990年、北海での組織的な捕獲が漁業に壊滅的なダメージを与え、ニシンやタラが獲れなくなりました。ノルウェー政府はこの状況を改善するために、個人の漁獲割り当ての規制を行います。この規制によって大規模組織の漁業者と、沿岸地域の小規模な個人の漁業者との間に格差が生じ、社会問題となりました。この状況に抗議し、調査を要求したのはサーミ議会でした。

政治的なアクターとしての権限が憲法でも認められていますので、サーミ議会がノルウェー政府に対して起こしたサーミの漁業に対する政府の法的責任の調査要求を、ノルウェー政府は真摯に受け止め認めなくてはなりません。その結果、ノルウェー政府は漁業省に、この個人の漁業割り当て規制が導入されることによってどの程度のダメージがサーミの漁業に生じるのか、また政府にどのような義務があるのかを調べることを命じます。漁業省では委員会を作り、スミスという人が1990年に報告書をまとめています。報告書では二つの点が指摘されました。一つは現状の国際的な基準やこれまでの国内法や憲法を踏まえると、ノルウェー政府にはサーミの漁業が存続することを確保する法的義務があること。またサーミの文化の物質的基盤を確保するためには積極的差別、つまりアファーマティブアクションが必要であること。つまり他の漁業者よりも更に、サーミの利益を特別に優先する必要性があるという判断がなされています。この報告書については、対象とするのが沿岸サーミという、ある特定地域のサーミに限定した評価であったため、サーミ全体の権利なのか、それとも地域的な権利なのかという未解決の課題が残る点を指摘した論文も、最近書かれています。

まとめとして：サーミの権利回復から学ぶ

サーミの水や川の権利、さらに歴史的な背景から何を学ぶことができるでしょうか。

一つは、先住民族としてのアイヌ民族が、国の行政決定プロセスへ参画することの重要性です。ノルウェーのケースでも分かる通り、漁業権一つとっても行政決定プロセスへの参画は重要です。これを実現するためにはサーミの議会のような、国の政策に直接コミットできるようなガバナンスシステム、議会的なものを、アイヌ民族の中に作る必要があります。そしてこれからの先住権の主張には、生態的な持続性、経済的な持続可能性も重要ですが、やはり文化的持続可能性を積極的に理論的に取り入れて、その重要性を実現するための先住権を主張する必要性があります。

先住民族の伝統や歴史、文化は、暮らしてきた大地に埋め込まれています。したがって先住民族の権利を守るためには、まず地域における開発政策に先住民族が参画することが重要となります。何よりも文化的景観の重要性を先住民族の立場から主張することが大切です。

スウェーデンのラポニアという世界複合遺産では、自然景観としての価値を認めつつ、そこに暮らしてきたサーミの地名や知識、記憶を文化的景観として保全する必要性も認めています。北海道の景観も、アイヌ語地名や伝承を抜きに地域の価値を語ることはできません。北海道でのアイヌ民族の権利回復、先住権の獲得や将来的な環境文化の持続可能性を考えていくために、北欧のサーミの取り組みは非常に参考になる部分が数多くあると考えています。

参考文献

〈概説〉

小内透編 2018『北欧サーミの復権と現状』東京、東進社

〈論文〉

孫占坤 2017「国際法における先住民族の自決権―サーミ条約の意味するもの―」『明治学院大学国際学研究』51:41-47

孫占坤 2018「サーミ条約の意味するもの」『明治学院大学国際学部附属研究所年報』21:93-95

吉田欣吾 2005「フィンランドにおけるサーミ人に対する文化権保障」『東海大学紀要文学部』84:212-192

沖野智子 2005「サーミ政策史―古代から近代まで」『北海道民族学会会報』（1）:69-85

小坂田裕子 2019「先住民族の国境を超えた連帯：2005 年北欧サーミ条約案の意義と直面する困難性」『平和研究』（53）: 17-33

〈概説〉

Kent, Neil. 2019.*The Sámi peoples of the North: A social and cultural history*. Oxford University Press, 2019.

Herva, Vesa-Pekka (ed.). 2006. *People, material Culture and Environment in the North.* Proceeding of the 22nd Nordic Archaeological Conference,Oule, University of Oulu. Seurujärvi-Kari, I. 2005."The Saami. A cultural encyclopaedia.", Helsinki, Suomalaisen kirjallisuuden seura.

〈論文〉

Brattland, Camilla. 2010."Mapping rights in coastal Sami seascapes." *Arctic Review* 1,no. 1: 28-53.

Johnsen, Jahn Petter, and Siri Ulfsdatter Søreng. 2018. "The regulative lock-in: the challenge of establishing Sami fisheries governance in Norway." *Maritime Studies* 17, no. 3: 253-261.

Lamnidis, Thiseas C., Kerttu Majander, Choongwon Jeong, Elina Salmela, Anna Wessman, Vyacheslav Moiseyev, Valery Khartanovich et al. 2018."Ancient Fennoscandian genomes reveal origin and spread of Siberian ancestry in Europe." *Nature communications* 9, no. 1: 1-12.

Rankama, Tuija, and Jarmo Kankaanpää. 2011. "First evidence of eastern Preboreal pioneers in arctic Finland and Norway: Erste Beweise für östliche präboreale Pioniere in den arktischen Gebieten von Finnland und Norwegen." *Quartär–Internationales Jahrbuch zur Erforschung des Eiszeitalters und der Steinzeit* 58: 183-209.

Spitzer, Aaron John, and Per Selle. 2010. "Is Nonterritorial Autonomy Wrong for Indigenous Rights? Examining the 'Territorialisation'of Sami Power in Norway." *International Journal on Minority and Group Rights* 28, no. 3: 544-567.

Tambets, Kristiina, Siiri Rootsi, Toomas Kivisild, Hela Help, Piia Serk, Eva-Liis Loogväli, Helle-Viivi Tolk et al. 2004. "The western and eastern roots of the Saami—the story of genetic "outliers" told by mitochondrial DNA and Y chromosomes." *The American Journal of Human Genetics* 74, no. 4: 661-682.

Chapter 6

第6回／ 2022年6月5日

アボリジナルの人々の土地権と主権をめぐって

「アボリジナルの人々の土地権と主権をめぐって」

テッサ・モーリス＝スズキ

オーストラリア国立大学名誉教授

◉

「アボリジナル・テント大使館における語りを中心に」

ウチラルト・オテデ

オーストラリア国立大学アジア太平洋学院リサーチ・フェロー

Tessa Morris-Suzuki　テッサ・モーリス＝スズキ

オーストラリア国立大学名誉教授。著書に On the Frontiers of History: Rethinking East Asian Borders (2020)、『過去は死なない』（岩波書店、2004）など、編著書にシリーズ『ひとびとの精神史』（全 9 巻、同、2015-16）、岩波講座『アジア・太平洋戦争』（全 8 巻、同、2005-06）など。北大開示文書研究会会員。左の写真は 2019 年 3 月、札幌で「世界の先住権の常識で再考するアイヌ政策」講演時、平田剛士撮影。

Uchralt Otede　ウチラルト・オテデ

オーストラリア国立大学アジア太平洋学院リサーチ・フェロー。近年の研究対象はモンゴル高原（モンゴル国及び中国内モンゴル自治区）における遊牧民たちの環境抗争運動、自己救済運動及び遊牧民たちによる市民科学活動など。著書に 'Environmental protest movement in Inner Mongolia' in *Handbook of Protest and Resistance in China*, edited by Teressa Wright, 2019 など。

アボリジナルの人々の土地権と主権をめぐって

「アボリジナルの人々の土地権と主権をめぐって」

講師／テッサ・モーリス＝スズキ

みなさん、こんにちは。皆さんと zoom の形でもお会いできるのはとても嬉しいです。

来年には、皆さんと face to face、対面の形でも会えるよう希望します。またこの会を準備してくださった市川さん、藤野さん、殿平さん、皆さんに心からお礼を申し上げたいと思います。

私はこの回のためにオーストラリアの first nations（ファースト・ネーションズ）の歴史と現在に関する簡単なビデオを準備しました。

その後はウチラルトさんがもう少し詳しく、現在のアボリジナルの人々（＝ first nations）の活動にかかわるお話をしてくれると思います。私のつたない日本語では聞きづらいところもあると思いますが、ご容赦ください。

二点だけ、事前に説明した方がいいと考えます。

一つはビデオの中にオーストラリア先住民族の虐殺の話が出てます。オーストラリア侵略におけるアボリジナルの人々への虐殺は、実際上は 1920 年代ぐらいまで続きました。ビデオの中では、21 世紀と聞き間違えられるような発声をしてしまいました。ですので、20 世紀初頭が正しいものです。

もう一つは、ビデオを作ったのちに反省した点です。トレス海峡諸島のファースト・ネーションズについてほとんど触れていなかったのです。

トレス海峡諸島の歴史と文化はオーストラリアの他のファースト・ネーションズとかなり異なりますから、それにかかわり述べる必要がありました。お時間の都合がつくようなら討論の際に、この件に関して付け加えたいと思います。

■ 6万年以上続いてきたアボリジナルの人々の歴史と文化

それではビデオに移りましょう。

これはオーストラリアの地図ですが、普段見るオーストラリアの地図とちょっと違うでしょう？　これはオーストラリアのファースト・ネーションズの地図です。

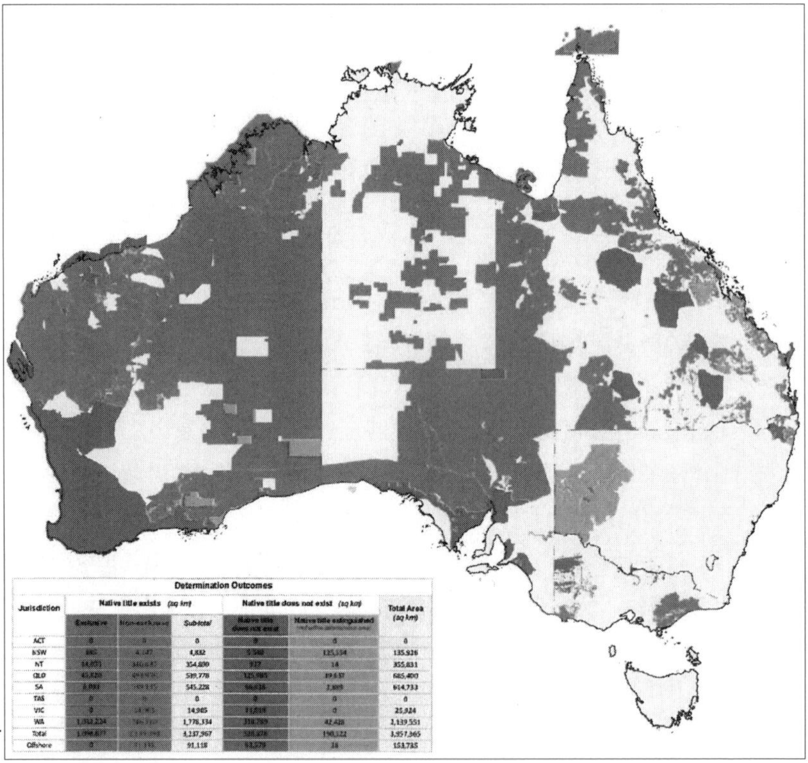

茶色になっている箇所は、アボリジナルの人々が裁判で土地権を請求し敗訴した地域です。濃い緑色のところは、土地権を請求したアボリジナルの人々が勝訴し独占的土地権を獲得しました。（すなわちアボリジナルの人々が、その土地への入域可否を決定することができます。）薄緑色のところは、アボリジナルの人々が非独占的土地権を獲得した地域です。（すなわち先住民がそこに住みながら自由に漁業や狩猟などを行って、自然資源を使用する権利がありますが、他の人々の出入りを禁止や管理することができません）。白くなっている部分は現時点では、土地権に関する裁判の対象になっていません。

300くらいのファースト・ネーションズがあって、各ネーションには自分たちの言語、歴史、文化、習慣などがあります。オーストラリアのファースト・ネーションズ、つまりアボリジナルの人々の歴史は大変長いです。少なくとも6万年以上続いてきました。しかしもちろんその間に様々な変化が起こります。各ネーションが独自の環境に適応するよう文化を形成していきます。

今現在、オーストラリアは小麦・牛肉などの農産物の輸出国として知られていますが、そもそもオーストラリアの気候はあまりそういった種類の農業に向いていません。

なぜならエルニーニョ現象等、気候変動に強く影響される大陸だからです。何年間と続く干ばつと大きな洪水がサイクルとなって訪れます。

アボリジナルの人々は何万年間の経験に基づいて、そうした不安定で厳しい気候に対応する生活様式を作り上げてきました。

各ネーションが、比較的小さな領域で、独自のあるいは相似する自然環境に関し、詳細な知識を蓄積して、とても多様な自然資源を効果的に活用する生活方式を生み出しました。

作物は作りませんでしたが、様々な大切な植物などがうまく育つ環境を、注意深く選択的に築き上げてきたのです。

また各ネーションが孤立していたわけではなくて、周囲のネーションと交易や知識の交換を行って、場合によって長距離の交易システムも構築しました。

北に住むヨンヌーというネーションは、さらに東南アジアとの交易も行いました。特におよそ16世紀以降、ヨンヌーの人々はスラウェシ、つまり今でいうインドネシアの一部の島の商人との活発な交易関係を持ってました。スラウェシまで旅したヨンヌーの人々の痕跡が多く残ります。

■ 18世紀以降の欧米の侵略による破壊

しかし1788年になると、その長い長い歴史は突然、暴力的に破壊されました。

17世紀前半から、オランダやイギリスなどの船が、時々オーストラリアの海岸線にまでたどり着きました。

1776年にはアメリカ合衆国がイギリスから独立を獲得していますが、それまでイギリスは何千人もの有罪判決を受けた囚人たちをアメリカに流刑していました。アメリカが独立すると、それができなくなってしまったので、囚人の新しい送り先を探すようになりました。

イギリスはオーストラリアを植民地にすることを決定すると、1788年に700人以上の流刑囚を載せたいわゆるファースト・フリート、最初の艦隊をニューサウスウェールズ州に送りました。

大英帝国によるオーストラリアへの侵略が始まります。それはオーストラリアのファースト・ネーションズにとって本当に悲惨な出来事でした。

武力衝突があっただけではなく、侵略者たちが持ちこんだ新しい病気が流行し、多くのアボリジナルの人々は命を落としました。ファースト・ネーションズの人口が激減します。1788年にファースト・ネーションズ全体の人口は80万人弱だっだと推定されてます。1900年までにその人口は10万人前後まで減少しました。現在のファースト・ネーションズの人口は、85万人ぐらいであろうと試算されています。

ニュージーランドと異なり、オーストラリアの場合はファースト・ネーションズと侵略者との間に交わされた条約はありませんでした。侵略者はファースト・ネーションズの権利を完全に否定し、その土地を奪い取りました。

しかしオーストラリアは大変広い大陸ですから、侵略者の影響は場所によって違います。最初にその打撃を受けたのは今でいうシドニーやメルボルンの周りと東海岸のネーションズでした。一方特に西オーストラリアやノーザンテリトリーの砂漠地帯に住むファースト・ネーションズの人々は、20世紀前半まで比較的伝統的な生活様式を保てました。植民者による侵略は時間的に長いプロセスです。地域的に限られたエリアでは、20世紀初頭まで侵略者によるアボリジナルな人々の虐殺が起きたのです。

さて、略奪と同時に植民地政府は厳しい同化政策を実施します。アボリジナルの人々をいわゆる「保護」区域に送り込みました。そこでの生活は、ほとんどの場合キリスト教の宣教師たちによって管理されていました。そうしたいわゆる保護区域に隔離されたファースト・ネーションズの人々は、自分たちが何万年もの間、大切に育て育てられた土地から、強制的に移動させられたのです。

また1910年から1970年の間に、同化政策の一環として、多くのファースト・ネーションズの子どもたちは親から強制的に引き離され、当局によって宣教師が管理する集合施設に入れられました。いわゆるStolen Generations（ストールン・ジェネレーションズ）、盗まれた世代の誕生です。それは個人生活の領域だけではなくファースト・ネーションズの社会全体にも、極めて大きな打撃と影響を与えました。

■アボリジナルの人々の抵抗運動と闘い

しかしもちろん、ファースト・ネーションズの人々からの抵抗が起きます。

たとえば1933年にヴィクトリア州出身のアボリジナルの指導者ウィリアム・クーパーという人や他の活動家が、オーストラリア・アボリジニ同盟を設立しました。同盟はオーストラリアの議会でのアボリジナルの代表の議席を要求する請願書を、イギリス国王に送ろうと試みます。残念ながらその請願書は無視されてしまうのですが、同盟はいくつかの重要な活動を、歴史に残します。

特に興味深いのは、1938年にウィリアム・クーパーと他のオーストラリア・アボリジニ同盟の活動家が、シドニーにあるドイツ領事館の前で、ドイツのユダヤ人迫害に対しての抗議デモを行った件です。それは迫害された少数民族の間の国際的な連帯における、早い時期の一例だと思います。

また1960年代になると、オーストラリアのファースト・ネーションズの公民権運動が盛り上がりました。その背景には国内的な事情とアメリカにおける公民権運動の影響もありました。やっと1967年の国民投票に基づいて、オーストラリアのファースト・ネーションズは基本的な公民権、市民権を獲得できました。しかし奪われた土地、盗まれた世代、社会的格差、差別などのたくさんの問題は現在まで続いています。

公民権・市民権獲得以降、次の重要な闘いは土地権に関するものでした。それまでのオーストラリアの法律ではテラ・ヌリウス、つまり「無主の土地」という概念が採用されていて、ファースト・ネーションズの歴史的な主権と土地権は完全に否定されていたのです。

しかし1992年にいわゆるマボ判決という画期的な判決が出ます。そこでは、テラ・ヌリウスの原則は否定され、ファースト・ネーションズの土地権(land rights)は植民地時代以前からずっと続いていると、認められました。

それにも関わらず、ファースト・ネーションズの人々の盗まれた土地が自動的に返還されることはありませんでした。土地権を得るためには、各ネーションズのコミュニティや個人が、その土地との歴史的な関係を裁判で証明することが必要です。そうした手続きはとても煩雑かつ複雑でお金もかかります。ですから今まで返還された土地は限られたものです。

また2008年1月に、労働党のラッド首相はオーストラリアの議会の場で、盗まれた世代の生存者とその家族、親戚に対して公式的に謝罪しました。結果として生存者のための社会的支援システムが立ち上げられました。しかし長年続いた同化政策の傷・トラウマは、当然ですがまだ残り続けています。

もうひとつの重要な闘いは、オーストラリアの憲法です。1901年の連邦憲法成立以来、ファースト・ネーションズの権利に関わることには、憲法では何も触れられていないのです。

したがって、ファースト・ネーションズの権利を明記するよう憲法を改正するのが、活動の中心的課題となっています。ファースト・ネーションズがこうむってきた200年以上続く侵略、暴力、被差別に抵抗する闘いは、また新しい段階に入りました。

2017年5月、オーストラリアの多くのファースト・ネーションズの代表は、中央オーストラリアの聖地であるウルルに集まり、Uluru Statement from the Heart、つまり「心からのウルル声明」を発表しました。

宣言の2本の柱は、VOICEとMAKARRATAです。

VOICEというのは、オーストラリアの憲法を改正し、政府が重要な政策を決定する際、事前にファースト・ネーションズの意見を求め、かつそれを尊重する義務を条文として入れることです。

MAKARRATAというのはヨンヌー語の言葉で、その意味は、紛争あるいは暴力の後で行う正義と平和を求める話し合いです。多分アイヌ語のチャランケという言葉の意味にかなり重なるものだと思います。

最近まで、オーストラリアの保守政権はこの宣言を無視してきました。しかし2022年5月に保守連立政権が総選挙で敗れ、労働党のアルバニージーが新しい首相となります。政権獲得後、新首相は、労働党の政権はウルル宣言を全面的に受け入れ実施すると明確に約束しました。しかし実際にどうなるかは、今後注意深く見守っていく必要があります。闘いは、また始まりました。

「アボリジナル・テント大使館における語りを中心に」

講師／ウチラルト・オテデ

みなさん、こんにちは。ご紹介にあずかりましたウチラルトです。

このような機会を与えてくださり、本当に心より感謝しております。またいろいろご調整してくださいました市川さん、藤野さん、殿平さん、本当にありがとうございました。テッサ先生、私をこの研究会にご紹介してくださりありがとうございました。北海道には一度訪れたことがありますが、今回またこのような機会に恵まれて、皆さんとお会いできて本当にうれしく思います。

今日の報告ですが、私がアボリジナル・テント大使館において出会った方々の語りを中心に展開していきます。そのなかで、アボリジナル大使館という場所とそこの人々について、また原住民の土地権を主題として話を進めたいと思います。この写真にABORIGINAL EMBASSYと書いてありますが❶、これがアボリジナル・大使館です。この写真に「今すぐ土地をください。土地権をすぐください」、また「土地を貸すんじゃなくて、我々に土地権をください」と書いてあるように、アボリジナル大使館の原点は、原住民たちの土地権運動です。

❶1972年アボリジナル大使館

今日の話は四つの部分からなります。最初にアボリジナル大使館の概要について紹介します。それから私とアボリジナル大使館の皆さんとのお付き合いについてごく簡単に説明したいと思います。そのあと、オーストラリアの原住民たちが外来者（外から訪ねて来る人々）を受け入れるスモーキング・セレモニーという儀式についてアルバートおじさんの語りを中心に紹介します。そして最後に、今日のテーマである原住民の土地権に焦点を合わせて、アボリジナル大使館の創始者のひとりであるギラーおじさん（マイケル・アンダーソン）の語りをメインに紹介していきます。

■アボリジナル・テント大使館とは

まずアボリジナル・テント大使館という名称について触れておきたいと思います。「アボリジナル」というのはオーストラリアの原住民たちを指す名称であり、最近では「ファースト・ネーションズ」という言い方が多く使われるようになっています。ただ「アボリジナルの人々」という言葉も同時に使われています。それからここにテントという言葉がありますが、それは文字通り、アボリジナル大使館の設立当時から今まで、お世話人の皆さんがテント暮らしをしてきたという経緯があり、テントが一つのトレードマークになっているからです。ここの場所は、地元キャンベラの人々の間では、「テント・エンバシー」という名前で知られています。

また大使館といっても象徴的な意味が強く、実際に機能的には一般的な意味での大使館とは全く異なります。アボリジナル大使館は1972年に創設され、今年でちょうど50周年になります。また、ここは世界において最も長い年月に渡って抵抗活動が継続されている場所だと言われています。さらに、アボリジナル大使館は2015年にオーストラリア連邦の遺産リストにも登録されています。

アボリジナル大使館はオーストラリアの首都キャンベラの都市空間においてとても重要な場所に立地しています。これはキャンベラの写真ですが❷、大きな通りがあって、湖を渡って向こう側の大きな建物が、オーストラリアの国会、つまり今使われている新しい国会議事堂になります。そこから歩いて５分ぐらいのところにある白い建物が、旧国会議事堂です。アボリジナル大使館はこの旧国会議事堂のすぐ目の前に位置しています。また直線的にみると、湖のこちら側にはオーストラリア戦争博物館があります。また、グーグルマップでAboriginal Tent Embassyと入力するとこのようなマップが出てきます❸。このマップを見ると、アボリジナル大使館のまわりにはオーストラリアの国会議事堂をはじめ、大蔵省、国立図書館、国立公文書館などの国家の重要な部門が立ち並んでいることが分かります。

❷キャンベラの写真

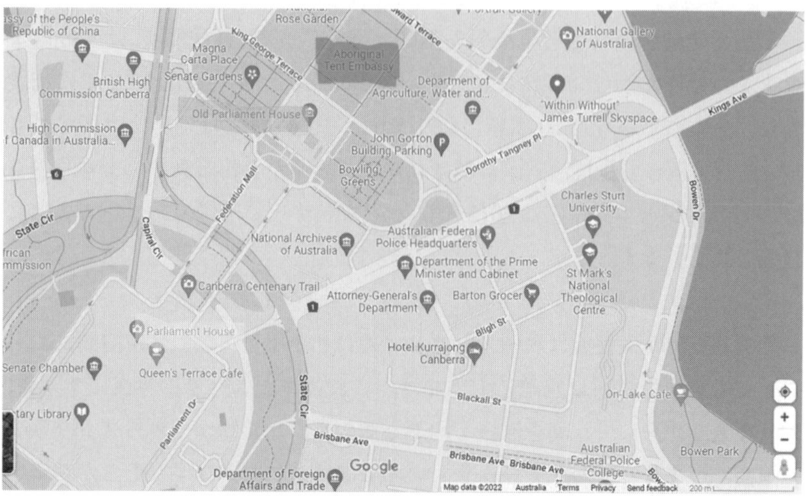

❸グーグルマップにみるテント大使館

アボリジナル大使館は普段はこじんまりしていて静かなところです。あたり一面に芝生が広がり、ところどころにユーカリの木があり、その間にキャンピング・カーやテントがあるわけです。ここに常駐しているのは、お世話人が一人、ファイア・キーパー（聖なる火の番人）が二人です。アボリジナル大使館の敷地内の中心的な位置に聖なる火が焚かれていて、昼も夜も火が途絶えることはありません。アルバートおじさんは、ここのファイア・キーパーとして二年間ほど居ましたが、数か月前にお亡くなりになりました。あとでスモーキング・セレモニーについて紹介しますが、その時にアルバートおじさんの語りを聞くことになります。

一方でアボリジナル大使館はにぎやかで、騒々しくなる場合もあります。時おり原住民たちのグループが地方からやってきて、内輪の集会や異議申し立ての抗議デモを行うことがあります。また毎年の1月26日になると、必ず盛大な集会と抗議デモが行われます。この日はオーストラリアの建国記念日ですが、アボリジニーの方々からは「侵略の日（INVASION DAY）」とみなされています。この写真は昨年の国会議事堂の前における抗議デモのものです❹。踊りのグループが映されていますが、踊りも抵抗の文化として非常に重要視されています。今年はアボリジナル大使館の創設50周年ということもあり、コロナの影響にもかかわらず盛大な集会と抗議デモが行われました。

❹抗議デモの時の踊りのグループ（2021）

■私とアボリジナル大使館とのかかわり

次に、私とアボリジナル大使館のみなさんとのお付き合いについて、簡単に触れたいと思います。私はオーストラリアに来てもう10年以上になります。このアボリジナル大使館にはずっと前に何度か訪れたことがありますが、とくに深い関りはなかった。それで、2017年頃のことですが、ちょっとしたきっかけがあって私は一時ほぼ毎日のようにアボリジナル大使館を訪れるようになりました。そして、ここのお世話人やファイア・キーパーのみなさんとお話をしていくうちに、いろいろ学ぶことがたくさんありました。というわけで、次第に私はオーストラリアの原住民たちについて、またオーストラリアという国家制度について、さらにはオーストラリアに新しく移民してきました自分自身についても、新たな視点から眺めてみるようになりました。

「あなたはホワイト（白）であり、またブラック（黒）である」

アボリジナル大使館のみなさんは、私のことをウチさんとかカメラマンとかアジア人とか、好き勝手にいろいろな名前で呼んでいます。ある日、アルバートおじさん❺は私に向かってこう言いました。「ウチさん、あなたはホワイト（白）であり、またブラック（黒）である」と。これは私にとってはなかなか理解しにくいことでした。アボリジナル大使館の皆さんの会話における「ホワイト（白）」と「ブラック（黒）」の意味について私はある程度知っていました。つまり、「ホワイト（白）」というのは白人、白人たちが作り上げた植民地制度、その延長にあるオーストラリアという近代国家を意味しています。そして「ブラック（黒）」というのは黒人、原住民の方々は自分たちのことをブラックと言います。また被植民者たちという意味もありま

❺故 アルバートおじさん

す。このように、「ホワイト（白）」と「ブラック（黒）」という言葉はアボリジナル大使館の皆さんの日常的な会話の中で頻繁に使われる言葉です。これは分かっていましたが、だけど、なぜアルバートおじさんは私のことを「ホワイト（白）」であり、また「ブラック（黒）」であると言ったのか、すぐには理解できなかった。

アルバートおじさんは続いて言いました。「ウチさん、あなたは私たちの友だちだ。だけどあなたも、白人たちが作り上げた制度を通して我々の土地にやってきた一人だということを自覚しなければならない。そういう意味で、あなたもホワイトであり、植民地制度の一員だよ。ただ、ウチさんは内モンゴルの出身で、あなたも我々と同じようなブラックの運命、被植民者の運命を背負っている。だから、あなたは我々と同じくブラックである」と。

これは何の変哲もないある日の午後の会話です。アルバートおじさんと二人でお茶を飲みながらいろいろ雑談しているなかで、アルバートおじさんはこの話をしてくれました。私はこれまでに自分のことをホワイト（白）とブラック（黒）と関連づけて考えたことは一度もなかった。だけど、こうして言われてみてはじめて、私が白人たちが作り上げたオーストラリアという国家制度を通して、原住民たちの土地に移民してきたのだとはっきり見えるようになった。土地権の話でいうと、私はキャンベラで土地付きの住宅を購入していますが、土地権はエリザベス女王のものとなっていて、住宅を購入する際に私とエリザベス女王との間に—もちろん代理人を通してですが—99年の使用権の契約を交わしています。オーストラリアに新しく移民してきた一人として、住宅の購入は私にとっては成功物語のひとつでした。だけど、いまだに自分たちの土地権のために闘っている原住民たちの視点から見れば、私のような新しい移民たちはホワイトの植民地制度に加担していて、原住民たちに大きな圧力を与えているのだということを、アルバートおじさんが教えてくれた。

このような新たな発見と衝撃が続くなかで、私はアボリジナル大使館に関する映像人類学的なドキュメンタリー映画を作ろうと思うようになった。そう決めてから、私はいつもビデオカメラを持ってアボリジナル大使館を訪れ、彼らの活動をできるだけ録画するように努めています。アルバートおじさんをはじめ、ほかのファイア・キーパーたち、またここのお世話人たちも私の活動をサポートしてくれています。私はこの活動をはじめてもう５年ぐらいになるので、いまではアボリジナル大使館の「カメラマン」として彼らの一員になりつつあります。また、私はアボリジナル大使館での映像資料の一部を YouTube などのソーシャルメディアを通して発信しています。このことについて、アボリジナル大使館のお世話人やファイア・キーパーの皆さんも快く思ってくれて、たまに向こうから録画要請が来ることもあります。

また今回の講演について、私はアボリジナル大使館のお世話人に、日本の北海道にひとつの学習グループがいて、原住民の土地権のことでアボリジナル大使館の活動に関心を持っていると伝えました。そしたら、今度コロナの影響が収まったらぜひオーストラリアへいらしてくださいという話をしてくれました。

それでは次に、アボリジナル大使館においてとても重要視されているスモーキング・セレモニーと言われる儀式について紹介したいと思います。

■スモーキング・セレモニー

アボリジナル大使館では、外から訪ねて来る人々を受け入れる儀式としてスモーキング・セレモニーを行うことがあります。2020 年 10 月のことですが、アルバートおじさんに招かれて私の娘と彼女の友人たち、また私を含めて子供たちの保護者たちが数名、それらからテッサ先生も参加していて、アボリジナル大使館の敷地内に在来の樹木を植える活動を行いました。

そして、その活動を始める前に受け入れの儀式としてスモーキング・セレモニーが行われました。スモーキング・セレモニーでは、新鮮なユーカリの木の葉っぱを燃やして、ものすごく煙が出るようにします❻。このあとアルバートおじさんのお話に詳しく紹介されますが、外から訪ねてくる人々の魂が、煙と共にこの土地の祖先たちに挨拶するというような想定です。

❻スモーキング・セレモニー

皆さんもぜひ実際にこのスモーキング・セレモニーに参加しているとイメージしてみてください。ユーカリの木の葉っぱがピチピチと音を出しながら燃え始めると、あたり一面に白い煙が立ち昇り、なんとなくユーカリの煙の香ばしいにおいがするようでしたら、アルバートおじさんの語りに耳を傾けましょう。

アルバートおじさんはやや枯れた声で静かに我々に語りかけます。

土地と人々への挨拶の儀式、原住民に受け入れられるための儀式

よその人がアボリジニーの土地、アボリジニーのコミュニティを訪問する時に、最初に参加する儀式の一つがスモーキング・セレモニーです。これはここの土地と人々への挨拶の儀式であり、また我々に受け入れられるための儀式です。つまり、我々原住民にとって神聖なこの土地は、今日、よその国の人々をこうして歓迎します。我々はこの儀式に参加することによって、我々の内なるエネルギーと魂が煙とともに立ち上るようにします。またこの儀式に参加することで、我々の魂は煙とともに立ち上り、私たちの故郷を旅することになります。そしてそれは私たちの祖先に、みなさんが我々の故郷に来た事を告げることになります。ですからみなさんがスモーキング・セレモニーに参加し、みなさんの到来を煙が私たちの祖先に知らせることで、我々の祖先たちはみなさんが我々の国を、故郷を、自由に歩き、安全に旅できるように守ってくれます。ですから今日は皆さんを歓迎して、ここの先住民であるナグナワル（ここキャンベラの原住民の名称）の土地と祖先たちにご挨拶するためにスモーキング・セレモニーを行います。

アボリジナル大使館の聖火は常に私たちのコミュニティの中心的な存在です。皆さんが私たちのコミュニティ、土地に入るとき、ここが皆さんが最初に訪れる場所になります。ここにおいて、皆さんが私たちの故郷を歩くことを可能にする儀式を行います。またこの聖火は、寒い時には温かくしてくれるし、飢えている時にはここに来て食べ物を調理することができます。またこの聖火から出る煙は我々を有害な動物や昆虫から守ってくれます。それでは旅の安全を祈り、アボリジナル大使館において快適なひと時を楽しむために、みんなでここに用意されているユーカリの木の葉っぱを取り上げて、それを聖火の上に置きましょう。❼

❼ユーカリの葉っぱを聖火に被せる（右の写真はテッサ先生）

——こうしてみんなで事前に用意された葉っぱを拾い上げて、聖火の上に被せるわけです。するとたちまち白い煙があたり一面に立ち昇ります。我々は聖火を囲むように輪になって立ちます。立ち昇る白い煙にあおられながら我々の魂がナグナワルの土地への旅に出かける準備をします——ということで、とにかく濃厚な白い煙をわざと大量に出す訳です。

この煙と共に、皆さんの魂がナグナワルの国を旅するようになります。そして皆さんが、我々先住民について考えてみる必要があります。ご存知かもしれませんが植民地化が起こった時から、この国で私たちは多大な苦しみを味わってきましたが、今日でも大変に不利な立場にさらされていて、そのことと戦っています。私たちは先住民以外の人々を私たちの空間、私たちの儀式の空間に招待することによって、同じく人間としてこの地球に一緒に生きる方法を理解することを望んでいます。

それでは今日は、先住民としての私たちのその昔の生活のあり方について、少し理解していただきたいと思います。植民地化の前は牛乳を買ったり、パンを買ったり、肉を買ったりするために店に行く必要はありませんでした。私たちの店は私たちの周りの森であり、その森の恵みであり、基本的に生活するための全てのものを大自然が与えてくれていました。ですから植民地化が我々の土地に何をしてきたのか、考えてみる必要があります。今日、私はみなさんをアボリジナル大使館に歓迎します。皆さんが今日、何本かの在来の樹木の苗を持ってきたことに感謝しています。それはみなさんとアボリジナル大使館との繋がりを作り出すことになると思います。

——この日、テッサ先生も含めて参加者のみなさんはいくつかの種類の苗木を持って来ました。スモーキング・セレモニーの後に、アルバートおじさんは子供たちを連れて、一緒に苗木を植えました❽。

ここに木を植えることによって、皆さんはここの場所と繋がっている感覚を得ることができます。将来、子供たちが大きくなってこの辺りを車で走り回ってる時に、皆さんが今日植えたこれらの木々を見ることができるかもしれません。そうすることで、皆さんとアボリジナル大使館との繋がりは、皆さんの人生の旅を通して、ずっと続くことになると思います。

❽苗木を植える子供たちとアルバートおじさん

さて、このスモーキング・セレモニーを通して、皆さんの魂は今やナグナワルの人々やナグナワルの人々の祖先たちと一緒になっているので、ナグナワルの祖先たちは、皆さんを彼らの国へ迎え入れます。だから来てくれてありがとう。

——これがアルバートおじさんが、スモーキング・セレモニーの際に話してくれた言葉です。このスモーキング・セレモニーの語りを通して、オーストラリアの原住民たちが外から訪ねて来る人々を受け入れるための儀式、あるいは外来者が文化的に正しく原住民たちの土地に足を踏み入れる方法について、わかっていただけたかと思います。

静かに燃える聖火

アルバートおじさんは既にお亡くなりになりましたが、その日の活動を映像として残すことができて、非常に良かったと思っています。このスモーキング・セレモニーの録画を見て、またアルバートおじさんの語りを聞くことで、皆さんの魂もオーストラリアのアボリジナルの人々の土地を旅し、この土地の祖先たちに受け入れられることを心より願っております。

さて、次にアボリジナル大使館の創始者の一人であるギラーおじさん（マイケル・アンダーソン）の語りに移りたいと思います❾。

聖火とアルバートおじさんの静かな時間

アボリジナル大使館の創設者 ギラーおじさんの語り

ギラーおじさんの語りは、今日のテーマである原住民の土地権と主権の問題と直結するものです。ギラーおじさんの法的な名前はマイケル・アンダーソンですが、家族が与えた部族内における名前はギラーです。アボリジナル大使館の皆さんはいつもギラーおじさんと呼んでいます。私はこれまでにギラーおじさんを2020年と2022年にアボリジナル大使館において二度インタビューしています。また、彼がアボリジナル大使館の創設50周年の抗議デモの際にオーストラリア国会議事堂の前で行った長い講演を録画録音しています。いまから、ギラーおじさんの2020年の語りの内容をそのまま日本語に訳して提示したいと思います。ギラーおじさんの語りには、下記に並べるいくつもの重要な質問の答えが提示されています。つまり、1972年当時、なぜオーストラリアの原住民の土地権問題が持ち上がったのか。そして、土地権の闘争の過程において、どのようにしてアボリジナル大使館が創設されたのか。またギラーおじさんの生い立ちと50年にもわたる土地権のための闘争活動から、彼は何を学んだのか。

ギラーおじさんはインタビューに慣れていて、カメラを見つめながら次のように語ってくれました。

私の名前はマイケル・アンダーソンです。部族内ではギラーという名前で知られています。1972年、私は20歳でした。そしてシドニーではブラック・パワーの運動が盛んに行われていて、たくさんの若者が集まっていました。当時アメリカで起こっていたことにかなり影響を受けていました。

❾ギラーおじさん（マイケル・アンダーソン）

強制収容所のような保護区での暮らし

私たちが相当に不満を感じていたのは保護区、リザーブという制度でした。それはオーストラリア政府の制度であり、彼らは私たちを守っていると言いますが、実際には私たちを殺しているのと同様です。そして私たちは基本的にロシアのシベリアの強制収容所のような場所に住んでいました。それは私たちが罪を犯したからではなくて、ただ単に私たちがアボリジニーであるという理由だけでした。彼らは私たちを保護区に隔離していましたが、それはアボリジニーを殺さないが、代わりに彼らを静かに死なせるようにという英国の命令でした。つまり、この保護区制度では、私たち全員が死に絶えるという設定になっていました。われわれはこれにかなり不満を感じていました。もう一つのことは、私たちの保護区にやってきて若い女の子を妻にして子供を産ませる白人労働者たちがたくさんいたということでした。そして政府はこれらのハーフカースト、つまり混血の子どもたち、白人とアボリジニーの混血の児童たちに手を出し始めました。政府はこうした混血の児童たちを彼らの家庭から引き離し、彼らを教会あるいは白人の家庭に預けました。とにかく私はこうした保護区がある環境の中で育ちました。

その一方で私のおばあさんたち、おじいさんたちは、いつも森の奥深くで隠れるように暮らしていました。私と私の母はいつも夜暗くなった後に、おじいさんとおばあさんのところに通っていました。私の祖母は彼女が 12 歳の時に、つまり 1914 年に白人たちのところに連れて行かれ、4年間奴隷にされた若者の一人です。この後に兄弟6人も連れて行かれました。しかし彼らは皆、母親のもとに無事に逃げて帰ってきました。またおじいさんとおばあさんのところで、昔の虐殺事件、白人によるアボリジナルな人々の虐殺事件について多く聞きました。白人たちは私たちの土地を奪い、人種差別がひどかった。だから私はこうした話を聞きながら成長しました。

白人の教育制度において法律を学ぶ

とにかく、私の世代になると、私も学校で教育を受けることができました。それ以前は多くの白人が、アボリジニーの子どもたちが白人の子どもたちと一緒に学校に通うことを望んでいなかった。彼らは私たちが汚れていてシラミや皮膚病を患らっていると言って差別していました。だから彼らは私たちを学校に入れたくありませんでした。しかし幸いなことに私は学校制度を通り抜け、その全てに成功しました。私の家系は部族長の血を引いていたので、白人たちは私を学校に通わせて教育を受けさせ、そして次の世代のアボリジナルの部族のリーダーとして育てようとしました。そういうこともあり、私はシドニーの大学に通うことができて、ホワイト・システム、白人の教育制度において法律を学びました。
当時、親戚のおじさんが私にこう言いました。「息子よ、私たちはあなたが学校に行って白人の言語を学んでほしい。そして彼らの言葉をこう持ち上げて、その言葉の下に隠れてる意図を見つめてほしい」と。それは白人たちの言葉の裏に隠された意図をちゃんと読み取るようにという素晴らしい説明でした。しかしシドニーの大学で法律を学び、訓練を受けた弁護士になるまで、私はおじさんが言っていた言葉の意味が分かりませんでした。

さて、1972 年当時の状況に話を戻しますと、その頃周りの多くの人々、原住民たちは絶望に陥っていました。彼らは自分たちが自由になることができるとは信じていませんでした。白人たちに囲まれていて多くの縛りがある中で、人々は出口を見ることができませんでした。なので多くの老人たちはただ単に死んでいくのを待っていました。そして我々若い世代は老人たちが死んでいくのを見ていました。

そうした中で、私はシドニーにいて、アメリカで起こっていたブラック・パワー運動、公民権運動の影響を受けていました。そして、それと似たような公民権の運動を始めようと強く思っていました。しかしアメリカのブラック・パワー運動と違って、私たちは自分たちがどこから来たのかを知っていたし、何よりもここは我々の国です。さらにイギリス人たちは我々を殺し、あらゆることをしたけれど、彼らは決して戦争を宣言したわけではなかった。そして私たちは生き残りました。つまりここで強調したいのは、我々は主権を受け渡したことはなかったし、戦争がなかったので敗戦条約みたいなものを交わしたこともなかった。

そして 1964 年に、ノーザンテリトリーというオーストラリア北部の州に、突然ひとつのアボリジニーのグループがどこからともなく現れてきて、自分たちの故郷に戻ってきました。そこは元から彼らの土地でした。ですから私たちは若い頃からその影響を強く受けていました。当時のシドニーでは多くの白人たちがベトナム戦争について話していて大きな動きがありました。そこに私たちも加わった。しかし私たちには思うことがありました。
「ちょっと待ってくださいよ。私たちの目の前で、あんたたちの目の前で、この国においてもたくさんのアボリジニーの人々が殺されています。今でも彼らは飢餓にさらされ、コミュニティの中で死んでいます。そのことに目を向けましょうよ」と。それで私たちはこれらのベトナム戦争に反対している人々に、私たちと一緒に抗議デモを行うように説得しました。
それで私たちはシドニー、メルボルン、アデレード、ブリスベン、つまりオーストラリアの全ての大都市において大規模なデモを起こしました。このことは我々のような若者にとっては非常に大きな励ましになりました。

1972年、土地権回復等を求める運動の高まり

そこで私たちはオーストラリアの植民地主義に反対する新しい運動を始めました。そしてついに 1972 年の 1 月 26 日、オーストラリアの建国記念日に当たりますが、首相ビリー・マクマホン政府は自由党の保守政権ですが、アボリジニーの土地に関するある政策を打ち出そうとしました。そこに重要なポイントが一つあって、それはアボリジニーの人々に土地の賃貸を許可するというものでした。つまり政府は、アボリジニーの人々に土地を貸してもいいよ、という政策を打ち出そうとしたのです。だけど、私たちにしてみればこれは受け入れがたいものでした。
「ちょっと待ってください、ここは我々の土地で、私たちはその所有者なのです。なぜ私たちはあなたに、つまりオーストラリアの政府に、それを私たちに貸して欲しいと言わなければならないのですか。これはあり得ないことだ」と。

これがアボリジナル大使館を創設した一番のきっかけです。政府による土地賃貸政策に反対する運動という意味でです。このことは本当に私たちを刺激しました。私たちは1月22日に、シドニーのマッコーリストリートで小さなデモンストレーションを行いました。だけど首相のビリー・マクマホンはシドニーではなくて、首都のキャンベラにいるのではないか、つまり国会議事堂に勤めているのではないかという話になりました。それで、私たちはアボリジニーの同僚と一緒に彼の家に戻りました。そこには多くの人が集まっていました。

「若いアボリジニーの方の中でキャンベラに行ってデモに参加する人はいないか」と誰かが呼びかけました。それを聞いて私は手を挙げました。合計4人で行くことになりました。だけど誰もが車を持っていなかったのでキャンベラへ行く方法を考えなければならなかった。いろいろ調整した結果、当時オーストラリア共産党新聞の写真家の一人が私たちをキャンベラまで送ってくれることになりました。彼は我々をキャンベラに送ってきて、ついでにその場の様子を写真に収める計画でした。そしてその日の夜11時半ごろにキャンベラに着きました。
その日の夜は雨が降っていてとても寒かった。我々にはビーチ・パラソルしかなかった。そして翌朝、日が出てくると仕事に来る人々で賑わい、通り全体が渋滞し始めました。私たち3人は――最初は4人でしたが1人が朝早くにシドニーに戻りました――、ここに座っていてお互いを見るだけでした。どうなるのか全く見当がつかなかった。だけど物事はとてもうまくいきました。私たちが陣取った場所はキャンベラの法外の地であり、ここにキャンプをしてはいけないという法律はなかったのです。つまり、法的には誰もが私たちを動かす権限を持っていないということに、私たちは逆にショックを受けました。だから私たちはうれしくなってそこに座り続けることにしました。

――私からの補足説明ですが、この“法外の地”というのは、ここの土地はエリザベス女王が所有権を持っていて、女王本人の命令か、その代理人か、あるいはオーストラリアの国会の三者のみがここの土地についての権限を持っていて、普通の警察とか行政はここの土地について何の権限も持っていないということです。そういう意味で法外の地だと言われています。いまでもキャンベラではこのような土地があり、このことを逆手に取って“法外的に”無料な駐車所として利用する人々がいます。つまり、こうした土地に勝手に駐車しても罰金を受けることはありません。

ギラーおじさんの話は続きます。

テントと朝食の差し入れで始まったテント大使館

そして朝になってしばらくすると、2人の女性の方が2つのテントを持ってきてくれました。彼女たちは「これから一週間ずっと雨が降るだろうから、あなたたちは寝るためのテントを持っていた方がいいかもしれませんね」と言いました。また彼女たちは私たちのために非常に贅沢な朝食を買ってきてくれました。それは素敵な出来事でした。ですからアボリジナル大使館というのは、最初はこういうビーチ・パラソルみたいなものでしたが、次の日にはテントがあって“アボジニナル・テント大使館”という名前がつけられるようになったのです。

そこにギブソンという名前の警察長官がやって来て、「あなたたちはここでどれぐらい抗議デモをするつもりだ」と聞きました。すると仲間のビリー・クレーリーがこう言いました。「私たちに土地の権利を与えるまでだ」と。それを聞いてギブソン長官は「それは長い時間になるだろう」と言ったのです。その言葉の通り、今年でほぼ50年になりますが、私たちはここに居続けています。

これは恥ずかしいことです。率直に言って、オーストラリアはまだイギリスの植民地だからです。私たちは脱植民地化され、自分たちを統治し、自分たちを自治したいと思っています。ですから私は皆さんに呼びかけて、先住民だけの世界会議を開きたいと思っています。私は世界中の先住民たちはまだその動きをしていなくて、これからしていくべきだと思っています。私たちは支配的な社会によって支配されています。だけどここの土地に関していえば、オーストラリアの国家の法律があるのと並行して、私たちもこの土地を所有する自分たちの法と慣習があります。そして我々はそれを譲ったことは一度もなかったし、彼ら、つまり植民者たちと一度もその話をしていません。

アボリジニーの自治の実現にむけて

一つの事例ですが、今年オーストラリア高等裁判所は2020年2月のトムアンドラブ (Brendan Thomas and Daniel Love) と呼ばれる事件で、アボリジニーの人々は市民でも外国人でもないと述べました。さて、そういうわけでどのような法律が私たちに適用されますか？——それは私たちの法律です。私たちのアボリジニーの法律のみが私たちに適用されます。ですから私たちは、今自分たちがこの自治をどのように行うのかに焦点を合わせています。どうすればアボリジニーの自治を実現できますか？——私たちが今しなければならないことは、何よりも私たちアボリジナルの人々に原住民の権利が何であるかを教育することです。原住民たちが自分の権利が何であるかを知らなければ、彼らは騙されるからです。彼らはたえず騙されています。そして今、多くの若者たちが学び始めていると思います。

私が法律を勉強した時に学びたいと思ったことが一つありました。つまり植民地主義についてもう少し知りたかったのです。オーストラリアが間違っていたのか、イギリスが間違っていたのか知りたかった。私たちがしなければならないことは、法律を勉強して非常に賢くなることです。つまり私たちは戦争で敗北したことがない人々として、私たちの固有の主権が残っている人々として、私たちの権利が何であるかを認識することです。
私たちは自分たちの主権を何かと交換したことはありません。オーストラリアにはネイティブ・タイトルという制度がありますが、それは先住民の権利を取引するゲームであり、鉱業会社と最も深く関係しています。そしてそれは原住民たちの土地を認めたり、返還したり、それを保障したりすることではありません。それで私は多くの人々に言っているように、このアボリジナル大使館がここにあるという事実は、ここに別の国民国家がある、ということを象徴しています。そして大使館という言葉が意味するのは、私たちがオーストラリアという国家とは何の関係もない、外国の外交グループであるということです。
この国には他にもたくさんのアボリジニーの国々があります。私たちはみな異なる言葉を持っています。私たちは異なる土地を持っています。さまざまなストーリーがあります。また異なる法律があります。しかし私たちは霊的に、スピリチュアル的につながっています。その意味で、私たち原住民たちは非常にユニークな存在です。ですから私たちが今してることは、すべてのアボリジニーの国々が今、自分たちの戦いを戦わなければならないということです。そしてアボリジナル大使館は各地からやってくるアボリジニーの人々のハブになっています。ですからノーザンテリトリー、西オーストラリア、クイーンズランドのどこかで何かが起こったときに、彼らはここに来て、ここを土台にして、オーストラリアの国会議事堂の前で抗議デモを行ったりしています。

ですからこの大使館をここに設置することで私たちが学んだことの一つは、彼ら植民者はこうした事態に備えていなかったということでした。イギリスの植民者たちはそれに備えていなかった。彼らは我々にどう対処すべきか見当がつかない。今日まで彼らはまだ、どう対処すべきなのかその方法を知りません。ですからここの場所の重要さは、言葉ではなかなか言い尽くせません。

以上がギラーおじさんが私のインタビューに応じて語ってくれた内容です。さて、今日の講義では私のアボリジナル大使館における見聞として、アルバートおじさんとギラーおじさんの語りを中心に紹介しました。将来また機会があれば、原住民たちの主権、土地権、人権についての語り、また脱植民地化、和解についての語り、さらには原住民の土地における資源開発の問題についての語りを紹介していきたいと思います。

これをもって今日の話を終えたいと思います。ご清聴ありがとうございました。

Chapter

7

第7回／ 2023年2月19日

台湾原住民族の先住権：森と海の資源利用を中心に

「脱植民地化と民主化：台湾先住権のあゆみ」

許 仁碩　北海道大学メディア・コミュニケーション研究院助教

◉

「台湾先住民森林産物採集権利の発展と現状：刑事立法と裁判を中心に」

范 耕維　台湾国立東華大学法学部助教授

◉

「台湾原住民・タオ族の伝統的な海域における自然資源権利と法規制の衝突と調整」

王 毓正　成功大学法律学科准教授・原住民族学生資源センター主任

許 仁碩　シュ・ジェンシュオ

北海道大学メディア・コミュニケーション研究院助教。台湾出身、博士（法学）。2020年に北海道大学法学研究科博士後期課程修了、同研究科助教を経て、2022年より現職。先住民権運動も含め、東アジアの市民社会と人権運動を研究している。論文にFrom martial law to Sunflower: the evolution of Taiwan's student movement、共著書にPolicing the Police in Asia: Police Oversight in Japan, Hong Kong, and Taiwan。台湾人権促進会理事（台湾）、東アジア市民ネットワーク事務局、北大開示文書研究会会員。

范 耕維　ハン・コウイ

台湾国立東華大学法学部助教授。法学博士。台湾国立台湾大学法学研究科修士、日本一橋大学大学院法学研究科法学博士、2020年から現職。刑事法と司法行為研究を専攻し、現在、刑事手続における台湾先住民憲法権利の保障、先住民被告人に対する量刑現状をテーマとして研究している。「先住民被告人の弁護権内容と制度に対する考察」(2021)、「先住民文化がみえる刑事裁判制度：実証研究に基づく刑事政策分析」(2022) など多数の論文を発表。

王 毓正　ワン・ユーチェン

成功大学法律学科准教授・原住民族学生資源センター主任。ドイツのヴュルツブルク大学法律学博士。専門は環境法、行政法、原住民族法。元・国家海洋研究院海洋政策及び文化センター主任。台湾の原住民文化の研究では、主にタオ族の海洋文化と法律に集中。台湾司法院803号大法官解釈（原住民族狩猟事件）専門鑑定人を担当。原住民族法についての論文として「憲法における台湾原住民の漁業と狩猟権の法理根拠と含意―野生生物保護法および銃、弾薬、ナイフの管理に関する規則の関連条項の合憲性についても議論」と「タオ族の伝統的な海域自主管理と国家法律の衝突と調整」。

台湾原住民族の先住権：森と海の資源利用を中心に

「脱植民地化と民主化：台湾先住権のあゆみ」

講師／許　仁碩

北海道大学メディア・コミュニケーション研究院助教の許と申します。今日はよろしくお願いします。今日の話は、専門家である王先生と范先生のお二人がメインなので、私は簡単な序論みたいな感じで紹介させていただきたいと思います。今日の内容としては、「脱植民地化」と「民主化」という二つのキーワードについて説明したいと思います。

まず簡単な自己紹介ですが、私は法社会学を研究していて、原住民族とか先住民族の文化を研究しているというより、警察と社会運動を中心とした先住権の運動について関心を持っています。また植民地を歴史問題として捉えているところもありまして、メディア研究院で教えている一方で、フリージャーナリストもやっています。また台湾では人権団体「台湾人権促進会」の理事、そして北大開示文書研究会の会員として勤めさせていただいています。

■台湾原住民族とは

まずは台湾の原住民族の基本的な紹介です。台湾の原住民族はオーストロネシア語族の一部と見られています。これはどのような民族かというと、広くインドネシアとかマレーシア、一番北が台湾の原住民族とされていて、ニュージーランドのマオリ民族は南限とされています。言語は共通性が見られ、基本的な単語がけっこう共通していたり、発音が似ていることも多く、そのためインドネシアとかマレーシア、また最近ではニュージーランド人との交流もけっこう盛んに行われています。

今人口は約58万人で、これは台湾人口2300万人のおよそ２～３％となります。認定民族は16民族、746の認定トライブがいますが、これはまだ増えることになります。詳しくは後で説明します。もともとアイヌ民族と同じく自主的に暮らして、周辺の国や民族と貿易での交流も続けてきたのですが、17世紀以降は、外来勢力によって植民支配を受けてきました。その植民地支配した勢力にはオランダ、スペイン、明、清、そして日本と中華民国があったのです。

それでは簡単な基本情報です。今日の話は主に二つの問いに答えようとしています。

（1）台湾の原住民族は一体何を失ったのか？

（2）その後の運動によって一体何を取り戻したのか、あるいはこれから何を取り戻そうとしているのか？

——この答えには民族とか土地、言語、文化、いろいろな観点からのものがありますが、今日の話は主にアイヌ民族と関わる自然資源に関して、やはり民族の認定と土地問題を中心として説明をさせていただきたいと思います。

台湾原住民族とは

- オーストロネシア語族：台湾原住民族は北限、ニュージーランドのマオリ民族は南限。
- 現在は約58万人（台湾人口は約2300万）、16認定民族、746認定トライブ（また増加する、後述）
- 17世紀以降に受けた植民支配：オランダ、スペイン、明、清、日本、中華民国。

■失った「民族」

まずは失った「民族」は何でしょうか？　昔は台湾の原住民族は「民族」ではなかったんですね。つまりもともと「社」という組織、もちろんこれは漢字の表記なんですが、トライブが主体で、自分が何民族か、という認識はあまりなかったと言われています。トライブの間に緩やかな連盟もありましたが、きちんとした国家の形にはなっていなくて、対外交渉とかが必要があれば、連盟の中から代表が出て、外部との交渉とか内部の争いの調停とかも当たっていました。

「民族」概念が導入されたのは日本植民地時代で、台湾総督府は日本の人類学者の研究を取り入れて、今まで社とされていた「蕃社」は——「蕃」は差別用語でしたが——、「XX 族」に分類されました。今までは○○社、○○蕃社とされていたのが、それからは○○族と分類されたんです。分類の基準は、当事者、つまり原住民族の方々の意見を聞くことはもちろん一切なく、植民地支配の視点から、文明、つまり日本政府の見方によって勝手に決めたみたいな感じで、さらにその政権との距離感によって、友好的か敵対的か、そういう分類も勝手にされたんです。

この分類はいくつか変わったこともあって学者によって見解も違いますが、概ね 1930 年代に入ると「高砂族、高山族」と「平埔族」の二つの系統に分けられて、それぞれ九民族と十民族に定着しました。今でも日本では台湾の原住民族のことを高砂族と呼んでいる方がかなり多いと思いますが、こういう言葉は台湾では一切使われていません。日本語の言葉でもありますし、植民地支配の言葉として使わないことになっているのです。でも戦後の中華民国政府になっても、残念ながら植民地時代の戸籍はそのまま引き継いでいるのです。ただ名前は「蕃」ではなく「山地に住む同胞」として「山胞」と改称しました。それは、台湾の原住民族を民族として認めず、あくまで「中華民族」の一部にすぎず、しかも山の奥に住んでいる未開な人々、を

失った「民族」

- 政治組織：社（トライブ）が主体だった。緩やかな連盟もあった。
- 日本植民地時代：台湾総督府は人類学者の研究を取り入れ、各「蕃社」を「XX族」に分類した。1930年代に「高砂族、高山族」（九民族）、「平埔族（へいほぞく、平地に住む民族）」（十民族）に定着した。
- 戦後：中華民国政府は植民地時代の戸籍をそのまま引き継い、「山胞」（山地に住む同胞）に改称した。しかし、「山胞」として認められたのは「高砂族」（九民族）のみ、「平埔族」はほとんど認められなかった。

意味しています。さらに、この「山胞」として認められたのは、日本植民地時代に高砂族として認められた九民族のみで、平埔族、つまり日本政府の目線からすると平地に近い地域に住んでいる民族は、山胞としてほとんど認められず、これは後程問題になりました。

■取り戻した／取り戻そうとしている「民族」

それから蕃人とか、山の同胞とか、そういった名前は我々の名前ではない、という認識が強くなってきて、1984年に「名前を返せ！」運動がありました。それは原住民族による運動なんですが、我々は蕃人でも高砂族でもない、山胞でもない。では我々は何かというと、自ら「我々は原住民だ」と決めたのです。台湾では80年代から民主化運動が盛んでしたが、1987年以降に民主化が進められ、1994年の憲法改正で「山胞」から「原住民」となり、さらに1997年の改正時に民族として認めるという意味で「原住民族」として明記されたのです。でもそれは全体的には原住民族として認められたのですが、その各民族の族名はまだまだその昔の人類学者が勝手に決めたままなんです。そこで2001年から認定申請が始まりました。つまり、勝手につけられた名前ではなく、「我々の民族の名前はほんとうは○○です」みたいなことを政府に申請することができるようになりました。そこで今までに16民族が国から認定されました。

取り戻した/取り戻そうとしている「民族」

- 「原住民族」：1984年に「名前を返せ！」運動が起き、憲法改正で「原住民」（1994）、「原住民族」（1997）に改称した。
- 「族名」：2001年から認定申請が始まり、十六民族が国から認定された。
- 「民族認定」：2022年に、憲法裁判所はシラヤ族の認定を却下する根拠とされた法律について、憲法における原住民権利に違反していると判示した。判決で民族認定の要件について、「文化」、「アイデンティティ」、「歴史記録」という三つの基準で判断すべきだとしている。

認定されたということは、認定されていない民族もいまして、その一つはシラヤ族という民族です。これは平地に住む平埔族ですが、植民地の当事者目線からの「あなたたちはもう我々に同化されているではないか」とか、「民族として扱わなくても大丈夫」、というような勝手な決めつけを、台湾の政府もそのまま引き継いで、平埔族は原住民族ではないよね、みたいな見解が強かったのです。そこで平埔族のひとつのシラヤ族が憲法訴訟をおこし、憲法裁判所は「昔の日本政府と中華民国政府の公文書だけで民族認定を却下する法律というのは原住民族の権利に違反している」と判示しました。ではどのように民族の認定が出来るのかというと、独自の「文化」、自らの「アイデンティティ」、客観的な「歴史記録」——、その三つの基準さえクリアすれば、日本のその昔の人類学者であれ、中華民国や日本の戸籍であれ、それは根拠にならない。この三つの基準で判断していく、という憲法裁判になっています。だから先程言いましたが、これから認定される民族が増えていくのではないかとみられています。

■失った「土地」

もう一つは自然資源の話です。資源利用というと、どこの資源を利用できますとか、まずは土地問題となります。もともと17世紀からの植民地時代に、植民者が暴力でその土地を征服したり、または形だけの契約で土地を買収したり、あるいは隔離政策とかいろんな政策によって、台湾の原住民はどんどんどんどん自分の土地を失って、山の奥に後退せざるを得ない状況になっていたんです。しかし何より大事なのは、これは台湾の地図ですが、明王朝から清王朝までの中央政府は台湾全体を把握していなかったんです。台湾の真ん中に3千メートル以上の山が百以上もあって、当時の技術だと簡単には山の奥に入ることができなかった。西側が中国ですので、オランダ人とか漢民族とかがけっこう入ったんですけれど、東台湾と中央山地には、入れなかったところはまだまだ多かったんです。

しかし日本植民地政府は、台湾全島の資源を開発するために、全部の土地を把握しようとしたんです。そこでやったのは、登録のされていない土地は全部国有地にする、ということ。そして長い期間をかけて調査をやって、どんどん原住民族たちが生活していた土地が国有地になったんです。保留地は一応形としてはありましたが、武力征服や強制的な集団移住などさまざまな手段を使って、どんどんどんどん原住民族は自分の生活している領域から引き離されたり、土地を失ったりすることがたくさんあったんです。

戦後の中華民国も、そうした土地を原住民族に返すことは一切なかったんです。つまり日本植民政府の国有地はそのまま中華民国の国有地になりました。そこで「保留地」政策は一応形として引き継ぎましたが、原住民ではない人がどんどんその山地に入り込んで、実際に同化政策を推進しようとしています。土地政策の詳細は省略させていただきますが、両先生がもっと詳しい説明をすると思います。

■取り戻した／取り戻そうとしている「土地」

先程の先住権運動の中で「名前を返せ！」運動についてお話しましたが、それだけでなく土地問題についての「土地を返せ！」運動もあったんです。2005年頃に初めて法律として「原住民族基本法」が可決され、その中で土地と自然資源を利用する権利が正式に法的には認められました。これをベースに、森林法とか元々あった法律の問題が生じて、その課題をどのようにクリアして先住権を実現していくのか——これはまだまだ道が長かったです。これについても両先生が説明するので、私は今日ここまでにしたいと思います。

そこでもう一つの課題としては、2017年、行政院原住民族委員会は、これは内閣府相当なんですが、「原住民族土地指定規則」を公表しました。これは何の話かというと、あるトライブが資源を本当に利用できるためには、どこのどのような資源を利用できるか、決めなければなりません。ではこのAトライブの伝統領域保留地の土地はいったいどこまでか、その境界線を調査して指定するための規則がこれなんです。これは本当にトライブに土地を返す、つまり所有権を返すのではなく、資源利用権というような権利を与える、という意味になっていて、まだ課題がたくさん残っています。

一つは私有地の排除の問題。つまり植民地時代から一部の原住民族の土地は民間会社の三井とか三菱などの財閥に払い下げ、戦後、台湾の企業とかの私有地になって、その私有地だからトライブの伝統領域に入れられないことが問題になるのではないか、それは一つ目の問題。では私有地は駄目だったら国有地を土地指定にすることができるかとか、それはできるけれども、国や自治体が所有権を持っている土地について、その所有機関があっさりと「はい、どうぞ」と言うか…。それともその管理とか資源利用の権限についてまだ問題が出てくるのではないかとか、これはこれからのもう一つの課題なんですけど。

三つ目は、この「原住民族土地」というのは伝統領域とこれから決める領域の今まであった保留地なんですが、保留地の形だけの所有者は原住民族であっても、実際には他の企業とか原住民ではない方がたくさん利用されていて、このようなギャップの問題がずっとあったんです。その保留地の問題を放置したままで、本当にそのトライブの主体でその土地の利用を決めることができますか？　それとも形だけの名目上の所有権は持っているけれど、実際には全然利用できないじゃないか——そういう問題も出てきて、これはこれからの課題になっています。

取り戻した/取り戻そうとしている「土地」

- 1980年代に「土地を返せ！」運動。2005年に「原住民族基本法」が可決され、土地と自然資源を利用する権利が認められた。
- 2017年に行政院原住民族委員会は「原住民族土地指定規則」を公表し、原住民族土地（伝統領域+保留地）の指定を進む。
- 課題：
  - 私有地の排除
  - 国、自治体が所有する土地について、所有機関との協議が必要
  - 保留地問題

■結論

簡単に結論を述べますと、数百年に渡って植民支配を受けたその傷は、いまだに癒されていないといえます。土地問題とか民族の問題は、そもそも植民地時代の日本の台湾総督府と人類学者が勝手に決めたことが尾を引いており、憲法裁判所がやっと解決しようとしているみたいな感じで、まだまだこれから問題がたくさんあるのではないかと思います。

また二つ目は、この台湾の原住民の先住権に関する主張とか運動が進んできたのは、やはり台湾の80年代以降の民主化とともに進んできたことが大きいのではないかと言ってよく、つまり権威主義の政府が先住権を重視しているというわけではありません。民主化運動とともに一緒に戦ってきて、民主化によって環境ができて先住権運動が進んできた流れを、紹介したいと思いました。でも今のこの状態で、とても満足とは言えません。

「真の自治」までは、まだ課題がたくさん残されていることも指摘しておきたいです。ではどのような課題があるでしょうか、台湾の原住民族の、自分の住む場所の森の木を使いたい、魚を獲りたい、という当たり前の要求の、一体何が問題になっているのか、どう解決すれば良いでしょうか。これについてこれから范先生と王先生がもっと詳しく説明することになります。私からは簡単に以上となります。ご清聴ありがとうございました。

「台湾先住民森林産物採集権利の発展と現状：刑事立法と裁判を中心に」

講師／范　耕維

范 耕維と申します。台湾の国立台湾大学を卒業して2015年から一橋大学で博士課程に入りました。2019年に一橋大学を卒業して台湾に帰国し、今は台湾国立東華大学法学部に勤めて助教授を担当しています。専攻は刑事法と法律実証研究ですので、今日は主として刑事裁判と刑事立法を中心にお話しします。内容としては台湾先住民族が森林産物を採集・利用する権利（以下「森林産物採集権」と呼びます）についてで、その発展と現状を紹介しようと思います。

はじめに——「森林産物採集権」をめぐる国家法と慣習法の衝突

台湾で、大部分の先住民族の歴史と慣習からみれば、先住民族の生活は山林との関係が緊密であり、森林産物の採集・利用は、従来先住民族文化の実践とみなされてきました。しかし現代国家、現在の中華民国の統治の下で、このような先住民族の文化の実践は、慣習法によるものといっても、国家法との衝突は避けられないといえます。なぜなら現代国家が森林資源の高い経済的価値を認識し、資源を管理・維持するために、国家権利による強制力をもった法律を制定し、森林産物を採集・利用する行為を制限する場合に、先住民族の森林産物採集行為が国家法に違反し、処罰される犯罪となり得るからです。つまり、国家法と慣習法との衝突によって森林産物採集行為の犯罪化が台湾で生じます。

グラフを見てください。

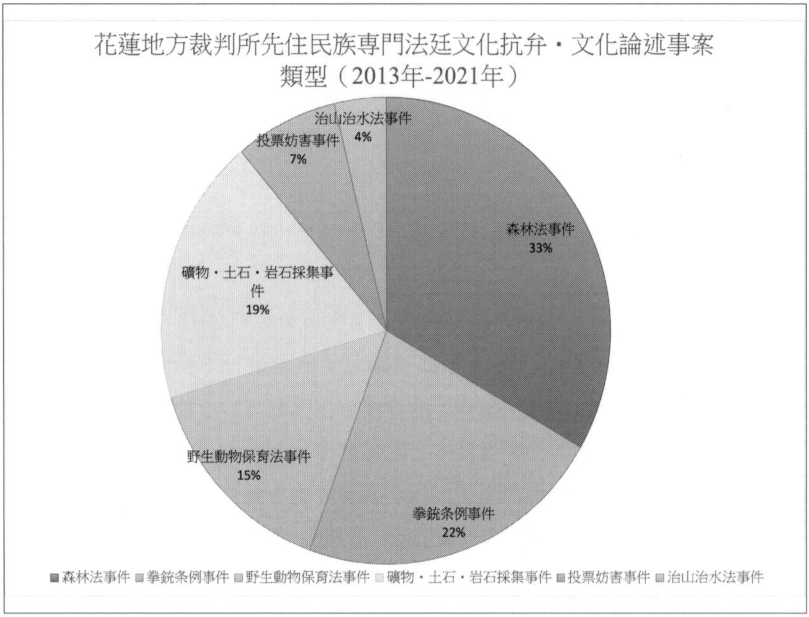

1. 森林資源の利用・採集→ 台湾先住民族の慣習・文化実践
2. 森林資源の管理・利用→ 強制力、国家法
3. 国家法と部落慣習法との衝突
   → 森林産物採集行為の犯罪化
4. 台湾刑事裁判で国家法と先住民族慣習との衝突
   → 一番激しいのは、森林法の事件です。
   →先住民族森林産物採集権利と国家の森林資源管理制度との間に、大きな齟齬がある
5. 以下の疑問が生じる：

- どんな森林産物採集行為は文化実践とみなす？
- 合法的な採集行為の条件、限界？
- 「森林資源の管理」と「先住民族森林産物採集文化の保障」→ いかにして調和するのか？

6. 考察重点

- 刑事立法
- 刑事裁判

台湾先住民人口が一番多い花蓮県で、2013年から2021年に花蓮地方裁判所で審理された被告人が先住民である事案には、被告人が文化抗弁（cultural defense）を提出し、裁判官が抗弁に応え文化論述をする数量の一番多いのは、森林資源管理のための国家法としての森林法の事案である。すなわち、刑事裁判の中で先住民の被告人は「この採取行為は私たちの文化であり、無罪です」というような抗弁を提出し、裁判官はこの抗弁に応じてこの採取行為は文化実践となるかどうかを判断する、という事案が一番多いのが森林法の事件だということです。

従って、先住民被告人が森林法に関する犯罪（例えば、森林産物窃盗罪）を犯す状況には、他の先住民族犯罪類型、例えば野生動物保護法または拳銃条例の違反と比べて、刑事裁判において先住民族文化と国家法との違いをめぐっての論争が生じる回数が多いと言えます。このような現象は、先住民族森林産物採集権の主張と、国家の森林資源管理に関する制度との間に、大きな齟齬があることを反映しています。とりわけ、先住民被告人が「森林産物採集は文化実践」という文化抗弁を主張する際に、どのような採集行為が文化実践となって合法とされるのかが、有罪・無罪の結果に大きな影響を与える重要な問題となります。また、合法的な採集行為の条件や限界をめぐっては、現在の台湾での刑事裁判において多くの争いがみられます。

このような問題と関連して、台湾で先住民族文化に対する尊重の高まりに伴って、立法者はいかにして立法段階において「森林資源の管理」と「先住民族の森林産物採集文化の保障」とを調和するのか、裁判官は審理においてどのように両者の関係を衡量するのかは、考察に値する課題となると考えています。

そこで、刑事立法と刑事裁判の両方に着目し（スライドの太い枠の部分）、台湾先住民族森林産物採集権に焦点を当てて、この権利の発展と現状を紹介いたします。同時に、台湾先住民族は、現代国家と漢民族文化の圧迫の下で、どのように自分の文化を守って文化権利を主張してきたかを明らかにしたいと思います。

以下、次の２事項を基準として、台湾先住民族森林産物採集権の発展を三つの段階に分けます。すなわち、「2004 年《森林法》改正・2005 年《先住民族基本法》の立法」と「2019 年《先住民族が伝統的な生活習慣により林産物を採集する規則（採集規則）》の発表」を基準として、台湾先住民族森林産物採集権の発展を以下の段階を分けます：黎明期（1945 年―2004 年・2005 年）、成長期（2005 年―2019 年）と現在（2019 年～）。そして、各段階の中で、刑事立法と刑事裁判の状況を説明し、採集権の発展を明らかにします。

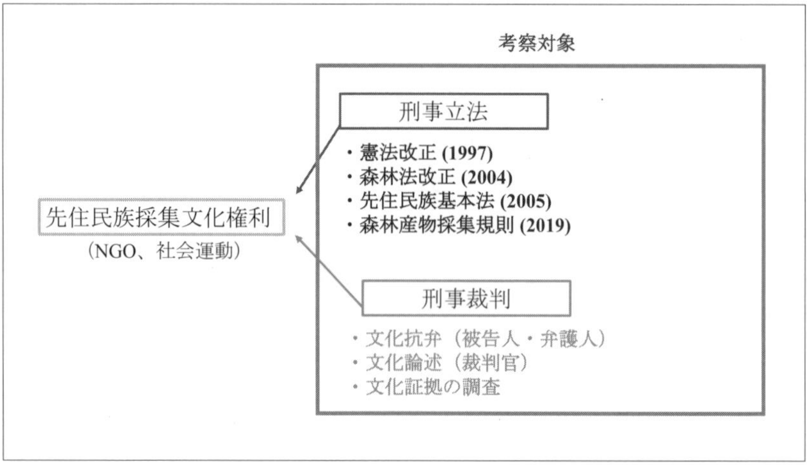

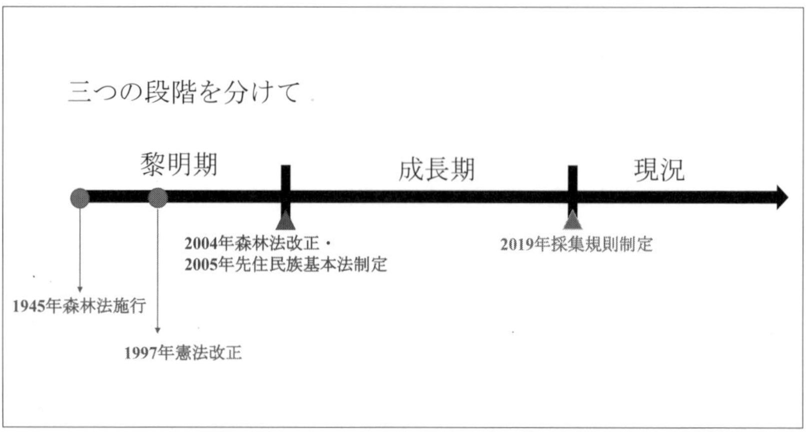

1．黎明期：1945年－2004年・2005年

1945年に現行の森林法が台湾で初めて適用されてから、「2004年森林法改正・2005年先住民族基本法立法」という重要な改正にかけて、先住民族の森林産物採集権は「認められず」から「承認」されたようになる黎明期です。1945年森林法の第一条により、「原則として、森林は国有財産である」という立法趣旨が掲示されました。この趣旨に応じて、当時の同法第49条（現行法の第50条）に森林主産物、副産物窃取罪を規定し、正当な理由なく森林産物を採集する行為を刑罰の対象としました。これによれば、先住民族が森林資源を採集・利用・管理する行為は、先住民族文化と慣習を表現しても、刑事責任を負う犯罪行為と考えられます。また、1985年に森林法が改正されても、「森林資源の保護と経済価値の維持」が立法の趣旨とされるので、先住民族が山林と共存するという文化に基いて森林産物を採集・利用する行為の非刑罰化は、依然として立法の議論の考慮に入れられませんでした。

要するに、この段階の森林法における特別刑法の立法は、専ら森林資源の保存を重視し、先住民族の生活が森林資源に頼るという慣習を無視したものといえます。さらに、このような立法は、先住民族がその固有の生活形態を変化させることを強要する目的があると評価されます。確かに、台湾での1997年中華民国憲法第4回改正で、憲法増修条文第10条第11項、第12項を定め 、先住民が集団的人権（collective right）を有している地位を確定した上で、先住民族の言語と文化に関するそれぞれの憲法的権利はこうした人権の視角から構築されることになりました。それにもかかわらず、事実上、この段階において、この憲法改正の理念は、依然として森林法や野生動物保護法などの実定法には実現されていないように思われます。また、この段階における刑事裁判は、先住民族の森林産物を採集する伝統的な生活慣習と文化を看過する性格も強いと考えられます。

注意に値するのは、この段階における裁判例は、４つの特徴がみられることです。

まず、裁判官は、先住民族が森林産物を採集することを犯罪成立と認めるが、先住民族文化と慣習が漢民族と異なるという特殊性を量刑判断に入れ、刑罰を軽減させる、という傾向がみられます。

2点目は、裁判官が当時の実定法を遵守して、文化抗弁を拒否し、採集行為の合法性を否定する現象がみられます。すなわち、この段階の裁判の中で、採集行為は法秩序に反する違法行為と認められます。

3点目は、刑の軽減について、裁判官が刑を軽減することは先住民身分だけに着目して、被告人の期待可能性が低い、ということを導き出す結論です。つまり、先住民族は漢民族とくらべると、森林産物を採集することを抑えることが出来ない。そのため、採集行為が違法行為と認められるが、刑を軽減する方が適切という、この段階においての裁判官の判定です。

最後に、先住民族の採集行為はこの段階の法秩序の一部ではなく、その秩序に反しない合法的行為ではない、その為合法的に行使する権利もない、ということです。

以上の状況について、2つの例をあげます。

まず、代表例として、1999年台東地方裁判所88年訴字第231号判決（以下、1999年台東判決と称する）は、パイワン族（スライドの薄アミ部分に

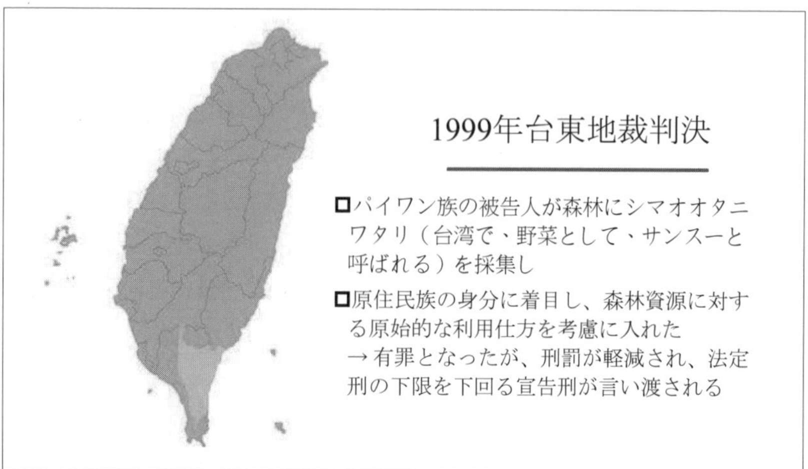
1999年台東地裁判決
□パイワン族の被告人が森林にシマオオタニワタリ（台湾で、野菜として、サンスーと呼ばれる）を採集し
□原住民族の身分に着目し、森林資源に対する原始的な利用仕方を考慮に入れた
→有罪となったが、刑罰が軽減され、法定刑の下限を下回る宣告刑が言い渡される

いる先住民族です）の被告人が森林にシマオオタニワタリ（台湾でサンスーと呼ばれ野菜として利用）を採集し、検察官に森林副産物窃取罪で起訴された事案に対して、先住民族の身分に着目し、その民族がもっている特別な生活方式、文化と慣習、とりわけ森林資源に対する原始的な利用の仕方を考慮すべきだと判示しました。その結果、起訴の犯罪について、刑事裁判での審理を経た結果有罪となりましたが、刑罰が軽減され、法定刑の下限を下回る宣告刑が言い渡されました。

次、類似の例として、2000年屏東地方裁判所89年訴字第292号判決（以下、2000年屏東判決と称する）でも、同様な論理がうかがえます。すなわち、先住民身分を有する被告人が保安林でアイギョクシ（台湾でこれを食材としてゼリーのようなスウィーツを作ります）を採集することについて、この判決は、森林産物窃取罪が成立するが、先住民族の生活が森林と緊密的な関係があり、森林資源を利用して生活を維持するという慣習を変えることの期待可能性がない、という理由を主張し、刑を軽減して、執行猶予を言い渡しました。また、この事案の被告事件は2019年台湾高等裁判所臺中支所108年原上訴字第48号判決の被告事件と類似するので、後で黎明期と成長期の裁判例の異同を比較できます。

続いて、成長期を説明いたします。

2000年屏東地裁判決

- 先住民身分を有する被告人が保安林にアイギョクシを採集する。（2019年台湾高等裁判所臺中支所108年原上訴字第48号判決の被告事件と類似する→ 黎明期と成長期を比較できる）
- 森林産物窃取罪が成立するが、責任論における期待可能性がないという理由で、刑を軽減して、執行猶予を言い渡した。

2. 成長期：2004年・2005年――2019年

(1) 森林法の改正（2004年）と先住民族基本法の立法（2005年）

成長期の中で重要なのは、2つの立法です。

① 2004年森林法第15条第4項

採集行為の合法性と関連するのは、2004年森林法第15条の改正で、先住民族の森林産物採集権を明文化して承認することを目的として、第4項が追加されました。この項は、「森林が先住民族伝統領域土地にある場合、先住民は彼らの伝統的な生活の必要性のために森林産物をとることができる。収穫面積、品種、時期、有給・無給などの規則は、中央政府における先住民事務を管理する機関が中央政府機関とともに決定する」と規定し、集団的人権の観点から森林産物採集権を理解した上で、先住民族を権利主体と視するものです。また、こうした権利は、先住民族の生存と伝統的な生活方式と繋がるので、必ず「伝統領域の中で」や「伝統的な生活のために」などの要件を満たす場合に、森林産物の採集は非刑罰化され、合法的なことになります。

2004年改正の意義は、二つの重点があります。一番目は森林法の目的には、単なる森林資源の保護のみならず、森林との関係が深い先住民族の文化と慣習を維持することも存在するということです。二番目はこの法改正は、先住民族の採集文化を考慮に入れて、文化と慣習に関連する採集行為を非刑罰化の根拠とするので、英米法における文化抗弁という考え方を成文法において実現することになるといえます。

② 2005年先住民族基本法の制定

この法律は、先住民族の基本的権利を保護し、彼らの生存と発展を促進し、共存と繁栄に基づく民族間関係を構築することを目的として制定されました。

この制定の重点は、基本法の第19条第1項と第3項です。第1項により、先住民族は、非営利目的を前提として、先住民族地区および海域で野生植物や菌類を集めることはできる。また、第3項により、前記の野生植物や菌類

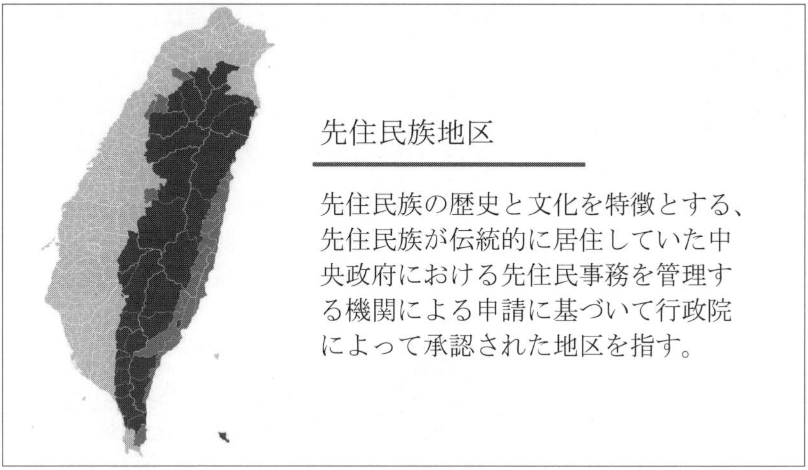
先住民族地区
先住民族の歴史と文化を特徴とする、先住民族が伝統的に居住していた中央政府における先住民事務を管理する機関による申請に基づいて行政院によって承認された地区を指す。

を集めるという行為は、伝統的な文化、儀式、または自家消費のためにのみ行うことができることになる（先住民族地区はスライドの緑のところ。歴史と文化を特徴とする先住民族が伝統的に居住していた地区で、中央政府の先住民事務を管理する機関による申請に基づいて、行政院によって承認された地区を指す）。

先住民族基本法第19条に即して、森林産物を採集するにあたり、非営利目的で文化または自家の生活と関連することのみ、合法的な行為となり得るといえます。従って、2004年に追加された森林法第15条第4項と2005年制定された先住民族基本法第19条には、一定の条件（採集地、採集目的）を満たす場合に、先住民族の森林産物採集権を承認し、部分的な採集行為の非刑罰化を肯定した上で、先住民族が森林と共存し、その資源を利用・採集する行為が、台湾現存法秩序の一部となると理解することはできます。

（2）刑事裁判における森林産物採集権の実現

これらの法律が採集権の存在と採集行為の合法性を承認したものの、それが確実に実現するかどうかは、やはり裁判官がどのようにこれらの規範を理解し、適用するかにかかっています。

代表例として、2005年に発生した「スマグス（Smangus）倒木運搬案」

（スライドの写真はスマグス部落です）を取りあげ、成長期における刑事裁判の発展を紹介します。

このマップでみるスマグス部落は、最も近い大きな聚落との距離は60キロくらいで、台湾で、現代社会の影響を受けたのが最も遅い、伝統的な文化

三、成長期

（二）刑事裁判における森林産物採集権の実現
→「<u>スマグス（**Smangus**）倒木運搬案“</u>」

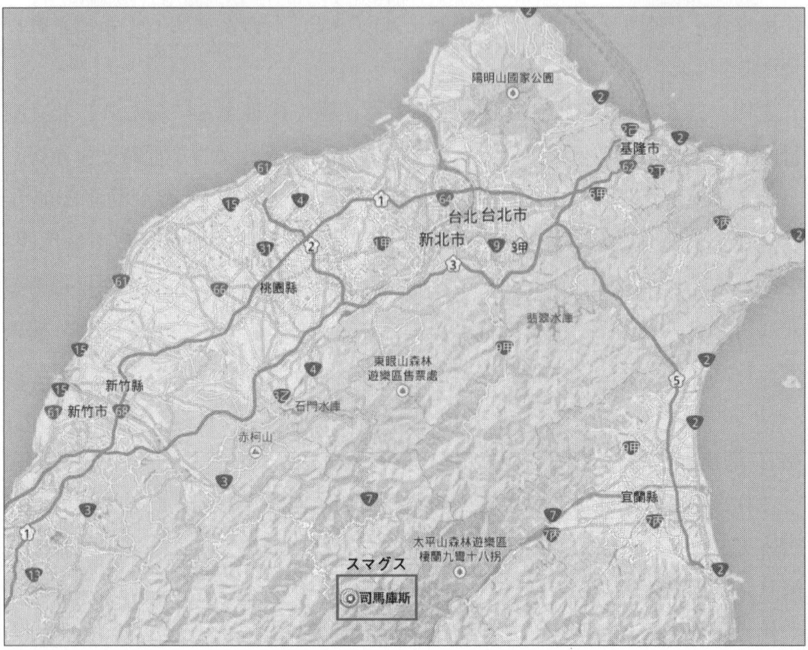

や生活習慣の残る先住民族タイヤル族の部落です。この案件について説明すると、スマグス部落出身のタイヤル族の被告人三人は、部落会議の決議に従って、部落環境を美化するために、タイヤル族の伝統領域に台風で倒れた倒木を部落に運んで行ったが、警察官に逮捕された。検察官は、被告人たちが申請せずに国有林林産物に属する倒木を運んだことが、「国有林林産物処分規則」に反する違法な採集行為となるので、三人を森林法の森林産物窃取罪で起訴した、というものです。

これに対して一審、二審判決は起訴理由を肯定し、有罪判決を言い渡します。理由１は、森林法第15条第４項によって許可される採集対象は雑草、枯れ枝、落ち葉などである。それ故、価値が高い倒木は採集できない。理由２は、倒木は国有林地に倒れた国有財産で、「国有林林産物処分規則」によって申請しなければ採集できない、というものです。しかし、この二つの理由に問題があります。

理由１について、条文にはない制限を加え、不当に倒木を合法的採集範囲から排除するもので、この解釈は適切ではないといえます。このような解釈は、裁判官が先住民族の採集文化の内容を確実に理解しておらず、先住民族の暮らしは原始的だ、という裁判官の考えが反映されており、採集文化の形態を誤って想像した上で結論づけたと見られます。

また、理由（理由２）として、この判決の中で「国有林林産物処分規則」が適用されて、有罪判決に根拠つけます。ですがこの処分規則は実は先住民族ではなく、漢民族、一般人の採集行為を対象としての規則です。その為裁判官が一般人に対する規則を先住民族の採集行為に適用することは明らかに問題があります。この誤りから見れば、裁判官はやはり国有森林資源の保存に重点を置き、先住民族の森林産物採集行為と文化・慣習とのつながりを否定する恐れがあります。この状況では、裁判官が先住民族文化を正確に理解できず、「採集権利」の内容、範囲を誤って解釈するということが示されました。従って、立法レベルで先住民族の権利を保障するからといって、必ずしも刑事裁判で権利の実現をもたらすわけではない、と言えます。

以上の状況は、第三審の2009年台湾最高裁判決の中で、新局面を迎えました。すなわち、この判決は、「多元論の観点からみれば、合理的範囲内で、先住民が先住民族伝統領域土地内で伝統的な習慣による行為を尊重すべきである」と判示して、第一審と第二審を破棄したのです。

この最高裁判決では、３つの進展がみられます。

１つ目は先住民族が自分の伝統領域において伝統的な慣習に即した行為の合法性については、先住民族文化・慣習の観点から判断すべきで、漢民族の文化から判断するのは禁止される、ということ。

２つ目は一般人（非先住民）の採集に適用される規範を通じて、先住民族採集行為の合法性を判断することはできない。すなわち専ら先住民採集行為に適用する規範が必要です。

３つ目は、黎明期と成長期との間にある、刑事裁判の論理の変化です。これについて、台湾最高裁判決が判示した論理は黎明期との比較が考察に値すると思います。すなわち、黎明期において台湾の裁判官は先住民族文化は法秩序の一部ではないとしましたが、成長期において先住民族文化は法秩序の一部となりました。これに相応して、裁判官は黎明期には有罪とする一方で、刑を軽減するという結果を導きました。しかし成長期になると裁判官は先住民の採集権利が承認されたため、林産物採集行為の違法性を阻却して無罪となるという結論を引出しました。要するに、現在台湾の裁判官は、採集行為を先住民族文化の実践と理解する場合に、刑法における責任レベルで責任を軽減するというアプローチを捨て、森林法第 15 条第 4 項に即し採集することを違法性阻却事由として、違法性レベルでその条項に該当する採集行為の違法性を否定するというアプローチを採用しています。

代表例として、2019 年の台湾高等裁判所臺中支所 108 年原上訴字第 48 号判決は、先住民族被告人がアイギョクシを採集したことで裁判にかけられて有罪となった 2000 年屏東判決の被告事件と類似していますが、この 2019 年の判決の中で「先住民族は、先住民基本法第 19 条、あるいは、採集規定により、林産物を集めることは、違法性阻却と認められる」と判示し、明確に違法性レベルで採集行為不法性の有無を判断するという立場を用いたのです。

3．現状と新たな問題の発生

最後に、現状と新たな問題について紹介します。先住民族の採集権については、成長期に大きな進展が見られましたが、問題は２つ残っています。一つは、先住民族採集行為に適用する規則の欠如、もう一つは、権利保障が高まるという趨勢の下で、刑事裁判において、採集権の適用を限定解釈するという現象が再び発生するということです。

（1）先住民族採集行為に関する規則の制定

2004年森林法で、先住民族に対し森林産物を合法的に採集する権利は与えられたものの、採集対象、数量、時期、申請手続きなどが明確に規定されておらず、明文化が求められてきました。この要求を満足するために、2019年に「先住民族が伝統的な生活習慣により林産物を採集する規則（採集規則）」が規定されたのです。この規則は、自然資源の保護と先住民族生活習慣と文化の尊重という立法目的があります。また、この規則の中で、3つの部分が注意に値します。

①まず、合法的採集行為の前提として、森林法第15条第4項における「伝統的な生活」は、従来明確な定義がみられなかったが、この規定によって、「生命儀礼 、祭祀儀礼、日常生活上必要な行為など、先住民族伝統的な文化、儀礼、または自用に関する非営利行為」と定義されています。

②次、合法的な採集対象は、主産物と副産物に分けられています。前者には、未精製、枯れた、倒伏する竹 / 木、および植物の残りの根や残材を含み、後者には、樹皮、ピッチ、種子 / 果実、落ちた小枝、葉、低木 / ツル、タケノコ、草、菌類、および主な生産物以外の林産物を含む。しかし、前者の森林産物は、野生ラン、牛樟芝（ぎゅうしょうし）やシルクジャスミン（ゲッキツ）など、貴重な保育類植物に属する種である場合には、原則的に採集できないことになっています。

③合法的な採集範囲は、先住民族地区における国有林と公有森林であります。

この三つの部分では、現在②の部分は重要です。なぜかというと、採集権利に関して、裁判官が限定解釈を採用するという問題が再び起きたからです。

(2) 採集権利に関する限定解釈の再現

2020年の台湾最高裁判所109年度台上字第3148号判決は、プユマ族の被告人は、台東延平郷の森林で、台湾固有の真菌類の牛樟芝を集めたという被告事件についてのものです。採集場所を簡単に説明すると、右の薄アミ色の部分がブヌン族の伝統領域、左の薄アミ部分がプユマ族の伝統領域です。2つの民族は生活方式なども少し違いますが、重なる部分もあります。この最高裁判決には、二審判決の見解が妥当だと判断し、その判決を維持すると判示しました。しかし、この二審判決には、林産物採集行為の合法要件とされる「伝統領域」をめぐって、二つの解釈の問題が存在します。

①まず、二審判決は、中央政府機関としての先住民族委員会の認証がないのに、裁判官は自分で被告事件が発生した森林区域がブヌン族の伝統区域であると判断。その上で、この判決は、森林法第15条第4項における「伝統領域」を「被告人の所属部族・部落の伝統領域」と限定的に解釈して、プユマの被告人はブヌン族の伝統領域内で採集する場合に、伝統領域内で伝統的な文化としての採集を実行すると主張できない、と判示しました。言い換えれば、この限定解釈の下で、森林法による合法採集権の行使について、その

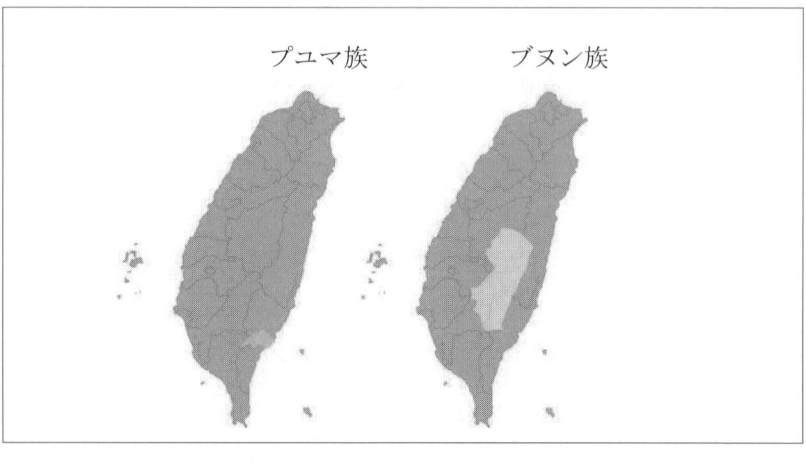

範囲が狭くなると言えます。

②二審の証拠調査において、被告人は、台湾先住民族に関する歴史研究とプユマ族の長老の証言を引用し、被告事件の森林もプユマ族の伝統領域と主張しました。しかし二審は、理由を付けないでこの主張を拒否して、先住民族歴史・文化専攻ではない台東県政府の意見に従って、その森林はプユマ族の伝統領域ではないと判示したのです。

この二つの問題からみれば裁判官は、依然として先住民族の文化を尊重しないで、自分が持っている主流的な観点に基づいて、勝手に文化の内容と文化実践するか否かを決めております。これは厳重的な問題です。

また、この二審判決は、誤って財産権の観点から伝統領域を理解し、それを「排他性」を有する概念、と理解しました。しかし先住民族の「伝統領域」は、部落・集落の伝統的な文化、慣習、日常生活、経済活動とつながる概念で、財産権としての所有権とは異なるものです。すなわち伝統領域は、歴史上、ある部落・部族の生活慣習、文化実践の蓄積、あるいは、部落と他の部落との間にお互いの交流を通じて形成されるという概念で、可変性があって、かつ排他性がないものであるのです。

従って、ある森林は、A族（ブヌン族）の伝統領域であり、同時にB族（プユマ）の伝統領域である状況は可能です。また、C族の人は、A族の伝統領域に入ることもでき、わずかの森林産物を採集する場合には、森林資源の破壊が生じないので、A族の文化・慣習が侵害されることもなく、必ずしもA族の伝統領域を破壊すると評価されるわけではない。しかし裁判官は所有権という概念から被告事件を理解したので、これらの伝統領域の特徴を無視する判断を作り出す、という問題がおきています。

最後、以前から北海道の歴史とアイヌの文化に興味があり、北海道旅行が大好きです。そのため、今回講演の機会をいただいて、幸いを感じます。今日の内容は、台湾の状況ですから、アイヌの苦境の解決に役に立つかどうかわかりませんが、誠に役に立つことを希望します。

ご清聴ありがとうございました。感謝いたします。

「台湾原住民・タオ族の伝統的な海域における自然資源権利と法規制の衝突と調整」

講師／王　毓正

みなさん、こんにちは、台湾国立大学の王と申します。この度は研究会にお招きいただき、光栄に存じます。

今日は「台湾原住民・タオ族の伝統的な海域における自然資源権利と法規制の衝突と調整」というテーマについてご紹介しようと思います。この発表は、2021年の台湾原住民族法学という雑誌の第七期に発表された拙文に基づいています。

本日の発表はスライドにありますが、蘭嶼(らんしょ)の位置、島の名前、タオ族について、タオ族の海洋利用の知恵について、タオ族の海洋利用に対する法規制との衝突、分析と結論となります。

私はタオ族の伝統的な生態学知恵を台湾の環境保全法律に取り入れられないかを研究しているので、2020年の5月に初めて蘭嶼(らんしょ)に行きました。その時から今まで、全部で12回蘭嶼に行きました。これからも、年に3～4回は蘭嶼を訪れて勉強を続け、地元の人たちと友好関係を築いていくつもりで

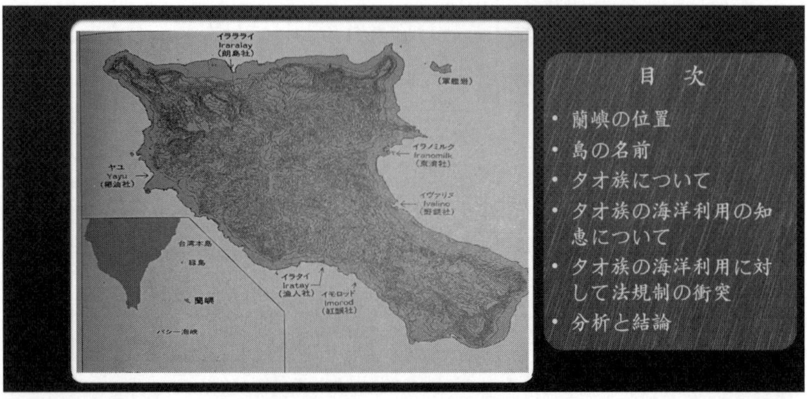

す。今日、私の報告を聞いて、蘭嶼に興味をお持ちの方がいらっしゃいましたら、一緒に行きましょう！　皆様をご案内する機会を楽しみにしております。

■蘭嶼の位置と名前について

まず、蘭嶼についての基本情報をご紹介致します。タオ族は台湾原住民族の中で唯一離島に居住する民族集団です。その離島は今では蘭嶼と呼ばれています。蘭嶼は台湾本島の南東沖にあり、直線距離で台東市から約33海里のところに位置し、台東県に属しています。面積は約48平方キロメートルで、日本の三宅島より少し小さいです。日本統治時代には紅頭嶼と呼ばれていました。別称はBotel Tobagoです。

右の地図は、最初に蘭嶼に入った日本人人類学者の鳥居龍蔵さんが1897年描いた地図です。この地図に台湾と蘭嶼とフィリピンの位置を表しています。蘭嶼の隣にBotel Tobagoという名前が書いてあります。

日本統治時代に、日本人が台東県から船で蘭嶼の西海岸に上陸した時、ちょうど夕焼けの時間で、この丘の中腹の地形を見て、赤い顔のように見えましたそうです。だから、この島を紅頭嶼と呼びました。

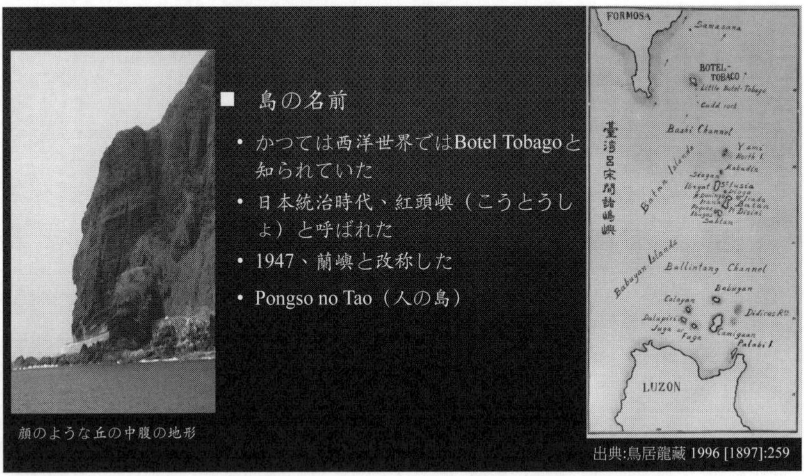

1947年に、胡蝶蘭が特産品であることから「蘭嶼」と改称し、現在に至っています。

■タオ族について

鳥居龍蔵さんは日本統治時代に科学的な調査のために蘭嶼に入った最初の日本人人類学者です。1897年、鳥居さんによる一次調査が行われ、蘭嶼に住んでいる民族はヤミ族と呼ばれました。実際、ヤミとは「私たち」または「北風の吹いていく方向に住んでいる人たち 」という意味なので、適切な族名ではありません。これは多分鳥居さんは島の人と言語が通じませんでしたので、生じた誤解でしょうか。島の人々は自分たちをタオと呼んでいます。タオとは「人間」を意味します。タオ族語で蘭嶼はPongso no Tao(ポンソ.ノ. タオ) と呼ばれています。それは人間の島という意味です。現在、ヤミ族とタオ族という族名は両方が正式な名前として使われています。

下の図に写っている本は私のタオ族の友人であるSyaman Lamuranの博士論文です。論文のタイトルからも分かるように、島の方々はタオ族を名乗るほか、自分の暮らしている場所を「人の島」と呼んでいます（真ん中あたりにある漢字「人之島」と書かれています)。Syaman Lamuranはタオ族の最

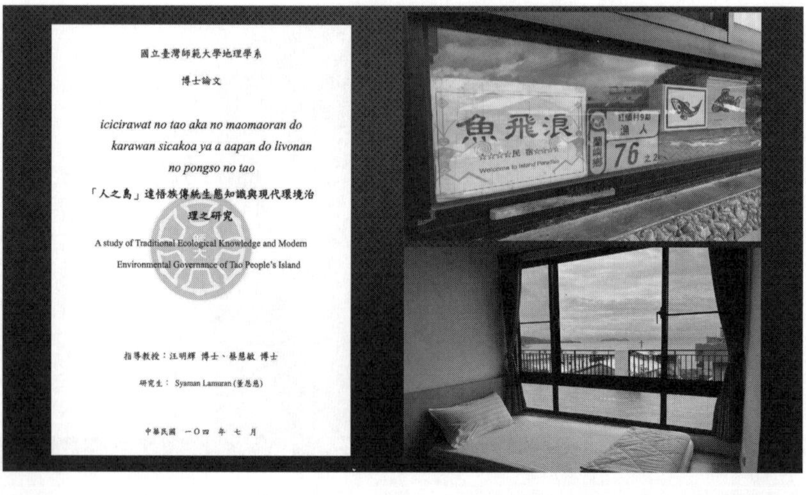

初の博士です。彼は現在蘭嶼に居住していて、文化の研究に従事しているほか、民宿を経営しています。民宿の名前は魚飛浪です（スライド右）。私は蘭嶼にフィールドワークに行くと、いつもここに泊まります。おすすめです。

せっかくなので、少しタオ族の日常会話を紹介します。

一番左の「ikongo?」は日本語で「何？」という意味です。日常会話で一番よく使われる「akokey」は「こんにちは」です。右下の「ko omavang do sikoki」は「飛行機に乗りに行く」。俗語は sikoki です。この sikoki と聞くと、日本語からということがわかりますね。

この民族は台湾における 16 の原住民族の中で、唯一島に暮らす原住民であり、先ほど許先生がご紹介した通りオーストロネシア語族（南島語族）に属します。人口は 2022 年 2 月の統計資料によると約 4804 人です。タオ族は台湾において唯一漁猟を主なライフスタイルとする民族です。独特の生態知恵と生活哲学を発展させてきた漁猟の歴史は、1000 年以上続いています。

タオ族人の名作家のシャマン・ラポガンさんが書いた本によると、「タオ族の漁猟文化は、トビウオと密接に繋がっています。トビウオの季節の始まりは一年の最初の月で、お祭りやお祝いなどもトビウオの季節によって行われます。タオ族文化はトビウオ文化だと言えます」。シャマン・ラポガンさ

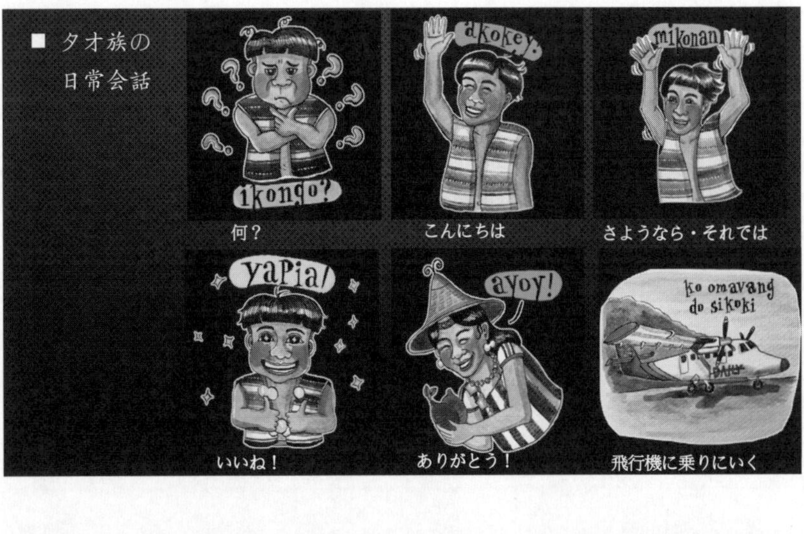

んは台湾だけでなく、世界でも有名な作家です。日本語に翻訳された本は４冊あります。どれにもタオ族の海洋文化がたくさん紹介されています。ぜひ皆様もお読みください。去年新しく出版された本もあり、多分まもなく日本語に翻訳もされる見通しです。

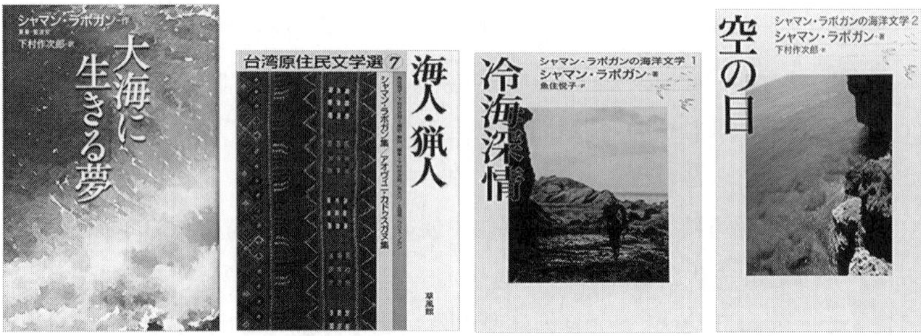

日本語版のシャマン・ラポガンさんの作品

■タオ族の海洋利用の知恵について

トビウオはタオ族語で「アリイバンバン」又は「リイバンバン」と呼ばれ、天から授けられた恵みと考えられています 。トビウオは渡り魚また回遊魚の一種で、毎年２月から７月にかけて黒潮とともに蘭嶼に移動します。蘭嶼ではこの間に多くの祭事が催されます。 通常、１年には４つの季節がありますが、タオ族はトビウオの到着と出発に合わせ、１年を３つの季節に分けています。それは

rayon（春：トビウオの季節）

teyteyka（夏：トビウオの季節の終わり）

amyan（冬：トビウオの季節を待っている）

これで、タオ族の文化は確かにトビウオと密接に繋がっていることが見えます。

トビウオの季節の初めに儀式があります。長老は、トビウオを捕まえる際のタブーを若い漁師に思い出させます。また父親は息子さんを浜辺に連れて

行って、浜辺で鶏を殺して、その血を息子の指につけます。それから、その血をその指で石の上に塗ります。それは二つの意味があります。一つはトビウオを招くことです。もう一つは子供にトビウオ文化を慣れさせるという意味があります。

トビウオの季節には、タオ族は原則としてトビウオしか捕獲せず、底生魚または定置魚は捕獲しません。

男性なのか、女性なのか、高齢者か、タオ族は性別や年齢によってさまざまな種類の魚を食べます。いわゆる老人魚、男性魚と女性魚、という区別があります。９月中旬頃は、終食節で、その後トビウオを食べることは禁じられています。捕獲したトビウオの内、食べられていないトビウオはすべて捨てられるか、または豚の餌になることになります。これらの三つの習慣は、生態系保全の観点から、乱獲を避ける意味があります。

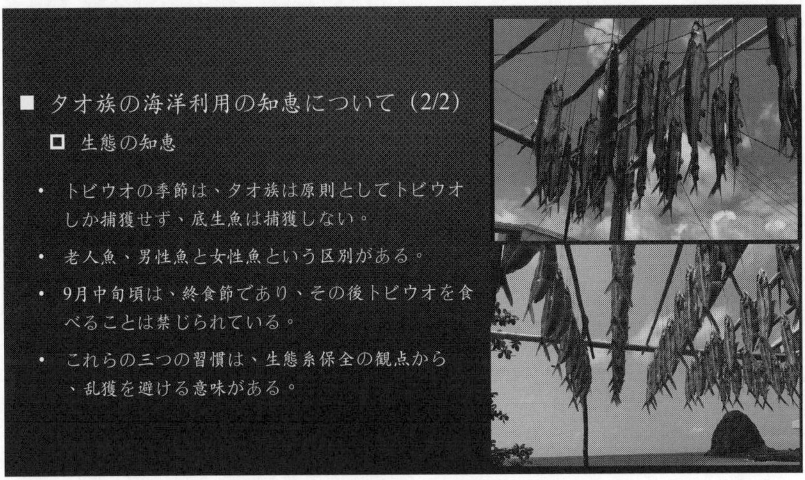

■タオ族の伝統的な船について

これは、タオ族の代表的な技術でトビウオ漁船です。

タオ族の伝統的な船はトビウオ文化があってのものですが、言い方をかえれば、その船は文化と生態を統合した知恵を表すものであるとも言えます。

トビウオ漁船は10人が乗れるチヌリクランに対して、２～３人が乗れるのはタタラと呼ばれます。世界で一番美しいといわれる伝統の漁船です。丸木船ではなく、21枚程度のリュウガンやパンの木など13種類の材木を組み合わせて、竜骨を持つ寄せ板造りの船で、クワなどの木釘を用いて固定します。タオ族の先祖はこういう船でフィリピンのバタン諸島からやってきたと伝えられています。タオ族にとって、チヌリクランは、何千年にもわたって蓄積された海と森の生態知恵によって発展した文化財であると言えます。

（スライド写真）これはチヌリクラン10人乗りの船で、新しいチヌリクランを作った時の儀式です。新しく作ったチヌリクランを見るチャンスはあまりないです。私も今まで12回以上蘭嶼に行ってますがまだ見たことはないです。

■タオ族の海洋利用に対する法規制との衝突

台湾で施行されている漁業法は、1929年に日本の法律を参考にして制定されました。この法律によって、公共海域で漁業に従事する者は、漁業免許と所管官庁の許可が必要になりました。漁業法が台湾で施行される千年前にすでに存在したタオ族の漁猟文化にとって、それは果たして合理的でしょうか――これについて検討の余地がありそうです 。タオ族が蘭嶼の沿岸海域で伝統的な漁猟権利を維持したい場合は、漁業組合の組織を通じて、専用漁業権を申請する必要があります。それに加えて、蘭嶼は１つの漁業団体しか組織できません。タオ族が専用漁業権を持たない場合は、他の地域からの漁船が蘭嶼の沿岸海域で漁業を行うことができます。千年存在している伝統的な漁猟権利を保護するために、申請書を提出しなければならないのは不合理に思えます。さらに、タオ族は伝統的に家族単位で漁業団体を組織していて、漁業法に適応するためにこの伝統の変更を余儀なくされる可能性があります。

黒潮とともに、豊かな渡り魚は台湾東部の沖を通過します。屏東県の漁業団体が蘭嶼の沿岸海域で漁業を行うことがよくあります。2012年台東県政府は毎年２～７月をトビウオの季節として法律的に制定していて、蘭嶼周辺３海里以内での動力漁船、６海里以内での10トン以上の漁船と刺し網などの使用を禁止しています。屏東県の漁業団体はそのような規制に不満を表明して、台東県政府に抗議しました。専用漁業権のない海域で、どの地域からの漁船も入り、漁業を行うことができるはずである、と主張しています。実際、タオ族はこの規制が彼らの伝統的な海域を認めていないことにも不満を持っています。

このような規定は、ジレンマ（両刀論法）の典型的な例です。一方では、漁業法に則って、これらの制限は水産資源の保護のためのものです。しかし実際には、屏東県の漁業団体の漁業権を制限するだけです。なぜかと言うと、屏東県の漁業団体は10トン以上の漁船を使用できないと、６海里以内の蘭嶼の沿岸海域に着くことは不可能だからです。平等の原則では、確かに不合理です。もう一方で、タオ族にとっては、蘭嶼の海域を彼らの伝統的な海域であると信じているので、動力漁船を使用できる自由があり、他の地域からの漁船を８月から１月まで制限する必要があります。

■法律分析と結論

漁業法には水産資源の保護がありますが、原住民族の伝統的な海域と漁業権の保護に関する規定はありません。それに基づいて、蘭嶼の沿岸海域に対する法的規制は、タオ族の伝統的な権利を保護するには曖昧です。また、他の地域の漁船も制限されます。このように実際には不平等の恐れがあります。台湾の憲法と原住民族基本法は、原住民の伝統的な生態知恵の保護を定めていますが、日本の基本法と同様に、政策的意義しかなく、直接的に規制の根拠とすることはできません。台湾の人口に占める割合を考えれば、漢民族と原住民族がそれぞれ98％と２％であるため、原住民族の伝統的な地域と権利の保護は、法律問題というよりは政治問題です。

蘭嶼でのトビウオ文化を守ることは、タオ族の伝統的な権利と文化の保護だけでなく、生態学的な持続可能性も含まれます。従って、法律や政策の観点から見ても、原住民族の権利の保護だけでなく、生態保全の深刻な意義もあるはずです。

比較法の観点から説明します。インドネシアでは、Sasiという地元の原住民の伝統的な規範が、生態知恵として知られています。2003年以来、特定の海洋生物や魚の捕獲を含む、特定の期間または海域での天然資源の使用を禁止する法律に、Raja Ampatの地元の原住民のSasiが組み込まれています。 Sasiが法律に組み込まれることは、乱獲を防ぐための効果的な方法になり得ることが証明されています。（Hedley S. Grantham et al., 2013; Paulus Boli et AL., 2014 ）台湾でも将来、同様の実証研究結果を提示できれば、政治問題の壁を打ち破れるかもしれません。

以上が本日の報告となります。ご清聴ありがとうございました。

About Us

ラポロアイヌネイション　会長 差間正樹

ラポロアイヌネイションは、北海道十勝郡浦幌町内に居住・就業するアイヌで構成される団体です。現在の構成員のほとんどは浦幌町を流れる浦幌十勝川の左岸沿い及びその周辺に存在していた複数のコタン（アイヌ集団）の構成員の子孫です。

2014年から浦幌アイヌ協会（現・ラポロアイヌネイション）は、奪われた先祖の遺骨返還を求めて北海道大学等を提訴し、裁判和解にもとづき、これまでに合計102体の遺骨が返還され、浦幌町の墓地に再埋葬しています。

2017年には「北米サーモンピープルを訪ねる旅」で先住権について学び、2020年から、国と北海道に対してアイヌ先住権にもとづくサケ捕獲権確認請求訴訟をたたかっています。また世界の先進的な先住権運動に学ぶ連続学習会を開き（本書）、この度、国際シンポジウムを開催することとなりました。

［連　絡　先］　住所：〒089-5865　浦幌町字厚内 189 番地
Tel：015–578–2246　Fax：015–578–2168
［WEB サイト］　http://www. kaijiken. sakura. ne. jp/fishingrights/index. html
http://www.raporo-ainu-nation.com/

北大開示文書研究会　共同代表　清水裕二／殿平善彦

浦河町出身のアイヌ小川隆吉氏が、2008 年に北海道大学から開示を受けた多数の文書を精査して、「研究」名目でおこなわれたアイヌ墓地「発掘」の真実を明らかにすることを目的に、発足した会です。

明治政府によって一方的に奪われたアイヌの先住権の回復を目指し、アイヌの遺骨返還・再埋葬の活動の支援や、先住権としてのサケ捕獲権をはじめとする自然資源に対するアイヌ集団（コタン）の権限の獲得のための活動や訴訟への支援を行っています。

［連　絡　先］　住所：〒077-0032　留萌市宮園町 3-39-8
事務局長 三浦忠雄
Tel&Fax：0164-43-0128
E-mail：ororon@jade.plala.or.jp
［WEB サイト］　http://www. kaijiken. sakura. ne. jp/

イチからわかるアイヌ先住権

—アメリカ・北欧・オーストラリア・台湾の歴史と先進的な取り組みに学ぶ—

ラポロアイヌネイション＆北大開示文書研究会
オンライン学習会　2021 ～ 2023［講演集］

2023 年 5 月 26 日　発行

発　行　ラポロアイヌネイション
　　　　北大開示文書研究会
編　者　北大開示文書研究会
発　売　有限会社かりん舎
　　　　札幌市豊平区平岸 3 条 9 丁目 2-5-801
　　　　http://kwarin.jp/
制　作　有限会社かりん舎
印　刷　アイワード

ISBN 978-4-902591-49-1